최고의 교사

| EBS가 선택한 |

최고의 교사

EBS 〈최고의 교사〉 제작팀 지음

문학동네

작은 씨앗처럼 존재하는
교사들을 응원하며

문득 고등학교 3학년 때 사회문화교과 선생님을 떠올린다. 사회와 역사를 보는 비판적 시각과 철학적으로 사고하는 법을 누누이 일러준 선생님이셨다. 대학입시를 앞두고 오로지 공부만 파야 했던 시기에 야외에 나가 토론을 하고, 유적지 답사나 국회 참관 등의 현장수업도 감행했다. 그럴 때마다 다른 선생님들의 매서운 눈초리와 질책이 따랐다. 생각해보면 당시로서는 파격적이었을 그런 수업을 선생님은 1년 내내 계속해나갔다.

그 수업을 좋아했던 학생들은 사회학과나 역사학과를 선택했다. 신문사 기자라는 직업으로 사회에 첫발을 내디딘 나 역시 선생님의 영향이 컸다고 생각한다.

EBS 다큐멘터리 〈최고의 교사〉는 30년 전 나의 학창시절을 오롯이 떠오르게 한 프로그램이었다. 1년여 동안 교육현장에서 만난 50여 명의 선생님들은 교사의 영향력이 학생들의 삶과 미래에 얼마나 크게 영향을 미치는가를 다시 한 번 확인시켜 주었다.

책에는 비록 열두 명의 선생님들만 소개되어 있지만 '아이들은 놀기 위해 세상에 온다며 매일 아이들과 놀 궁리만 하는 방기정 선생님' '학생들에게 셀프서비스 수업을 시키는 강석주 선생님' '정서장애 학생들과 마음이 통하는 과학수업을 하는 심승현 선생님' '진찌배기 도덕수업을 하는 박영하 선생님' '보건실의 힐링맘 최규영 선생님' 등 40여 명의 선생님들이 방송을 통해 그들의 진면목을 보여주었다.

〈최고의 교사〉는 위축된 공교육의 현실 속에서 상처받은 교사들을 응원하자는 의도에서 시작되었다. 얼굴만 봐도 알 수 있는 스타 교사들이 아니라 교사들 사이에서 유명한, 학생들이 인정하는, 진짜배기 '숨은 고수'를 제대로 찾아보자는 의미였다.

과목별 교과연구회와 전국교직원노동조합의 추천을 받고 프로그램 홈페이지에도 추천게시판을 만들어, 학생과 학부모, 교사들이 추천하는 교사들을 만났다. 추천받은 교사들의 경우 한국교육학술정보원에서 운영하는 에듀넷의 우수 수업 동영상을 참고했다. 그리고 선정된 교사에 대한 일주일간의 사전 동행취재가 이어졌다.

제작 초기 '최고의 교사 조건'에 대한 명확한 기준이 있었던 것은 아니었다. 하지만 교육현장에서 교사와 학생 들을 만나보는 순간 거짓말처럼 ㄱ 기준이 명확해졌다. 각기 과목과 성격은 달랐지만 신기하게도 공통된 덕목이 있었다.

가장 중요한 것은 역시 학생들과의 관계였다. 잘 가르치기 위해 서는 먼저 학생들과 좋은 관계를 맺어야 했다. 관계가 튼실하지 않은 교사가 아이들을 잘 가르칠 리 만무했고, 아이들이 그 가르침을 따를 리 없었다. 최고의 교사들은 학생들을 단순히 가르치는 대상이 아닌 인격체로서 대했다. 학생들 모두의 이름이나 별명을 친근하게 불러주었고, 수업시간에 어느 한 명도 소홀히 대하는 법이 없었다. 학생들은 수업시간뿐 아니라 쉬는 시간에도 선생님과 마주치면 스스럼없이 하이파이브를 하고, 불쑥 나타나 '백허그'를 하고 시시콜콜한 문자메시지를 보내고, 학교 부근에 있는 선생님 집에 문턱 드나들듯 찾아와 이야기를 나눴다. 아이들과의 돈독한 관계는 최고의 교사가 갖는 첫 번째 덕목일 수밖에 없었다.

두 번째는 교사와 학생이 함께 수업을 만들어간다는 것이었다. 비‖언어적 표현과 반⁺언어적 표현을 상황극으로 만들어 한꺼번에 이해시키는 국어교사 박지은 선생님, 유명작가나 어르신을 만나 인터뷰를 하고 글을 써보도록 유도하는 송승훈 선생님, 몸으로 한자를 만들어 표현하는 한자수업을 하는 마재민 선생님 등 최고의 교사들은 결코 나홀로 강의를 하지 않았다. 일방적으로 가르치는 것이 아니라 아이들이 직접 참여하는 수업을 하고 있었다. '수업은 교사와 학생이 함께 만들어가는 것'이라는 명확한 신념이 있었다.

마지막으로 최고의 교사는 '왜 이 과목을 배워야 하는가'에 대한 명확한 대답을 가지고 있었다. 자신이 취하는 행동의 이유, 공부하는 이유, 살아가야 하는 이유에 대한 물음은 모두가 지닌 근본적인 물음일 수밖에 없다. 하지만 공교육을 받는 내내 우리는 '무조건 배워' '무조건 공부해'라는 조건 없는 복종을 강요받아왔다. 인생에서 가장 예민하고 가장 질문이 많은 시기에, 하루 열여덟 시간을 바치는 공부의 이유와 목적을 모르고 지내는 것처럼 무기력한 일이 또 있을까. 최고의 교사들은 아이들이 품고 있을 이러한 물음에 답할 준비가 되어 있었다.

최고의 교사는 대단한 왕도를 가지고 있다고 생각하기 쉽다. 그러나 이 책에 소개한 열두 명의 교사는 누구나 알고는 있지만 가지 않는 길을 묵묵하게 걸어가는 이들이었다. 모든 교사들이 공감하지만 경쟁으로 치닫는 사회분위기 때문에 어쩔 수 없다며 외면해왔던, 실천하기 힘든 것들을 소신을 가지고 지켜나갔다. 아이들이 품은 질문에 답을 찾아주거나 함께 찾으려는 노력을 게을리하지 않았다. 그 중심에는 아이들에 대한 희망과 공교육 교사로서의 책무감이 있었다.

공교육의 위기, 교권의 추락을 이야기하지만 나는 〈최고의 교사〉

를 통해 공교육 현장의 희망을 보았다. 수많은 비난에도 불구하고 교육 현장에는 공교육을 바로세우기 위해 노력하는 교사들이 여전히 작은 씨앗처럼 존재한다고 나는 감히 확신한다. 씨앗이 틔운 싹은 뿌리째 뽑아내려는 거친 손길만 없다면 바람과 물 그리고 약간의 거름으로도 무럭무럭 자라게 마련이다. 바람과 물 그리고 약간의 거름과 같은 지지와 응원은 결국 이들을 바라보는 우리의 몫일 것이다.

대한민국 공교육 현장의 모든 선생님들에게 응원과 지지를 보낸다.

2012년 봄
EBS 〈최고의 교사〉 작가 채제분

꿈꾸는
국어수업

송승훈 선생님
경기 남양주 광동고등학교 국어교사

01 '나도 저렇게 살고 싶다'
스스로 꿈을 찾는 국어수업

"교과서에는 세상의 온갖 일들이 다 요약되어 있고, 논술 학습서에는 사회 모순에 대한 진보적인 해결책이 정리되어 있습니다. 하지만 교과서에는 사람을 사람답게 만드는 인간성과 열정, 흔히 교양이라고 부르는 것들은 담겨 있지 않지요. 우리 교육의 부족한 점은 '나도 저렇게 살고 싶다'는 생각이 들게 하는 사람이 없고, 그런 삶의 태도를 제시해주지 못한다는 데 있습니다. 제 독서수업은 학생들이 가슴속에 긍정적인 인생 모형을 품게 하자는 것에서 시작되었습니다."

남양주 광동고등학교 송승훈 선생님의 국어수업은 지식수업, 독서수업, 활동수업으로 대별될 수 있다. '지식수업'은 교과서 진도에 맞춘 학과수업이고, '독서수업'은 학생들이 좋아하는 책을 읽고 서평을 쓰는 수업이다. '활동수업'은 모둠별로 책의 저자나 부모, 동네 어른 들을 만나 인터뷰하고 최종보고서를 내는 교외수업이다. 그렇다면 높은 시험점수를 받아야 하는 수험생들에게 이런 수업이 효과가 있을까.

　'윗글의 내용과 같은 것은? 혹은 다른 것은?' '이 글에 제목을 붙인다면?' '밑줄 그은 문장을 가장 적절하게 해석한 것은?' '세 번째 문단의 주장에 대해 이 자료를 활용해서 반박한다고 했을 때 가장 타당한 논리는?'

　수능 언어영역은 이런 식으로 글을 읽고 이해하고 대화하는 상황을 오지선다형으로 출제하고 있다. 읽기능력이 높은 학생이 잘 풀 수 있는 문제인 셈이다. 여러 가지 언어활동으로 독해력을 높여 놓은 학생들은 고3이 되어서 문제집 풀이를 했을 때 더 높은 성적을 얻을 수 있다. 송승훈 선생님의 실제 경험도 그러했다.

　교과서로 배우면 동일한 방식으로 서술된 한 가지 글을 읽게 되지만, 지식—독서—활동이 연계된 수업을 하면 학생이 자기 기질에 맞는 자료를 찾아서 공부할 수 있다. 교사가 여러 가지 책을 제시하고 학생은 자기 마음에 드는 글을 고르는 것이다. 이렇게 하면 학생들에게 자신이 공부할 내용을 스스로 선택했다는 '자발적 학습'이 주는 동력을 불어넣을 수 있다. 또한 같은 주제라 하더라도 여러 책을 서로 다르게 골라 읽기 때문에 학습내용이 다채로워지고 이를 공유하면 내용은 한결 풍성해진다.

"교과서는 지식을 압축해놓았기에 굉장히 추상적인 면이 있습니다. 그래서 학생들이 현실에서 그 대상을 만나면 낯설게 인식하곤 하지요. 인권도 교과서에 나온 개념을 말로 외우기는 쉽지만, '학생인권조례'나 '비정규직 노동자 문제' 등 현실에서 발생하는 사건과 이를 둘러싼 논쟁으로 확장해서 이해하고 판단하기는 어려워요. 학생들이 선택해서 읽는 책에서 비로소 지식의 실제 사례를 만날 수 있습니다. 가르치는 교사의 학문적 관점이나 교과서를 만든 기관의 정치적 관점에 의해 걸러진 것이 아닌 날것 그대로 '세상의 진실'을 만날 가능성이 훨씬 더 높습니다."

좋은 책을 권해줘도 읽지 않고 교과서를 우선으로 생각하는 학생도 있다. 하지만 학생 개개인의 성격, 성향, 주변 환경 등을 두루 고려해서 흥미를 느끼고 공감할 만한 책을 권해주면 곧 책 속의 이야기에 빠져든다. 책읽기 수업의 가장 중요한 조건이 거부감 없이 책과 만나는 것이라면 송승훈 선생님은 어차피 출발점이 완성점이 아닌 만큼 부드럽게 만나서 서서히 올라가면 된다고 생각한다. 때문에 학생들에게 각자 그들 자신과 비슷한 인물이 등장하는 책을 권해주는 것으로 시작한다.

언젠가 그는 학생들에게 그늘에서 그늘로만 옮겨 다니는, 어렵고 힘들게 사는 사람의 삶을 담은 책을 읽힌 적이 있다. 그걸 읽으면서 어떤 학생은 연민을 느끼고 또 어떤 학생은 세상을 변화시켜

야겠다는 선한 열망을 느낀다. 하지만 또 어떤 학생은 "자기만 손해지 뭐, 그게 뭐야?"라며 그들을 비웃는다.

송승훈 선생님은 마지막 학생군에 주목한다. '왜 슬퍼하는 사람을 배려하는 대신 비웃고 깔깔거리는 것일까?' 그리고 인간의 존엄성에 대해서, 행복하게 살 권리에 대해서 고민한다. 학생들이 어떤 길을 가더라도 인간의 존엄성을 잃지 않고 행복한 삶을 이어가기를 바라기 때문이다. 교과수업이든 독서수업이든 활동수업이든 매 수업시간마다 그러한 열망을 담은 학습자료를 준비하고 강의를 기획해서 가르치려는 이유다.

"20대 80의 사회라고 하지요. 저에게 배운 학생들 중에도 흔히 엘리트라고 하는 사회지도층이 되는 20퍼센트의 아이들이 있겠지요. 그런 학생들이 제 수업을 통해 '윤리적인 엘리트'로 성장해주기를 바랍니다. 그래서 자신의 권한과 자원으로 세상을 화합해나가길 빕니다. 다른 80퍼센트에 속하는 학생들은 돈을 적게 쓰면서 떳떳하고 당당하게, 재미있고 행복하게 살아가기를 바랍니다. 물질주의에서 벗어난 행복을 알기 바랍니다. 가난해도 교양을 쌓으며 살아가는 사람이야말로 빈부격차나 사회모순 등의 문제를 개선할 수 있다고 생각합니다. 교양이라는 것은 결국 인간이란 어떠해야 하는가에 대한 물음을 갖고 사느냐, 그렇지 않느냐의 문제 아닐까요? 제 국어수업은 이런 열망을 학생들과 소통하는 시간입니다."

02 지식 – 독서 – 활동 수업, 생기를 찾는 학생들

송승훈 선생님의 국어시간에는 학생들 자리가 '모둠토론' 형식으로 바뀐다. 4~5명씩 8개 모둠에서 10개 모둠으로 편성되는 것이다. 교과 수업은 그날 진도 나갈 부분을 20분 정도 읽고 토론하는 방식으로 진행한다. 수업 시작하고 처음 10분이나 수업 끝나기 전 10분은 저마다 읽고 싶은 책을 읽는데, 일주일에 한 시간은 통째로 '책 읽는 시간'이다. 한 학기에 두 권씩, 수업시간을 통해 책을 읽어나가는 것이다.

교과서 수업도, 독서수업도, 수행평가용 수업도 모둠별 토론식으로 진행된다. 학생들은 모둠별로 미리 교과서를 공부해오고, 모둠별로 10개 정도의 질문을 준비한 다음 수업시간에 서로 설명하고 그 내용을 토론한다. 선생님은 교실을 돌아다니면서 궁금한 것을 묻는 학생들의 질문에 답변을 한다. 모둠별로 최소한 한 사람은 수업중에 질문을 해야 하는데, 한 모둠이라도 질문하지 않은 모둠이 있으면 수업을 끝내지 않는다.

"저는 왔다 갔다 하면서 개입해야 할 때를 가늠해요. 학생들이 얘기를 하다가 합의가 안 되면 저한테 물어보고, 제가 그 모둠에 가서 대화를 하면서 해결해주죠. 제일 좋은 수업은 아이들이 물어보고 교사가 답변하는 방식이에요. 모둠별로 자기들끼리 해결하도록 노력하고, 안 되는 것만 저한테 물어보면 굉장히 효율적이에요."

질문은 모든 학생이 골고루 하지만 선생님의 답변은 전체 학생들이 공유한다. 모둠별 토론식이다보니 송승훈 선생님의 수업시간은 그야말로 정신이 없다. 그는 자신의 수업을 시쳇말로 '널널한 수업' '여백이 있는 수업'이라고 하면서 그 분위기를 즐긴다. 학생들의 눈빛에 생기가 돌고, 공부하고 싶어 하는 의욕이 보이면 그날의 수업은 일단 만족할 만하다고 자평한다.

독서수업은 이미 선별된 책을 권장하는 방식이 아니다. 학생들이 잘 읽으면서도 배울 것이 있는 책을 가려뽑는다. 권장도서가 얼마나 학생들의 기를 누르는지, 학생들의 수준과 상관없이 '읽어야 하는' 책들로 구성되어 있는지를 현장교육을 통해서 알고 있기 때문이다. 그는 하나의 주제라도 수준에 따라 도서를 여러 권 제시한다. 그리고 학생들 각자의 수준이나 관심사, 생활환경에 걸맞은 책을 한 학기에 두 권씩 선택하여 읽도록 한다. 책도 집에서 읽거나 쉬는 시간에 읽는 것이 아니라 수업시간 10분 동안 읽는다. 1,2학년의 경우 일주일에 네 시간의 국어수업 중 한 시간은 통째로 책읽기를 한다. 책읽기가 수업 외로 해야 하는 부담이 아니라 수업의 연장이 되는 것이다. 서평쓰기는 한 학기에 1~2회 진행한다. 학생들은 A4 5장 분량으로 서평을 쓰는데 선생님은 제출한 서평을 한 편 한 편 다 읽은 후에 학생 1인당 2~3분씩이라도 대화를 나눈다. 교사가 읽고 이야기해주지 않으면 학생이 글을 쓰면서 잘못된 부분을 배우지 못하기 때문이다. 마지막으로 잘못된 부분을 스스로 고치게 한 후, 그 결과로 평가한다.

모둠별 인터뷰 형식으로 진행되는 활동수업은 1학기와 2학기로 나눠 약 한 달 동안 이뤄지며 인터뷰 준비와 보고서 수정 또한 수업시간에 하도록 한다. 1학기 활동인 '부모 인터뷰'는 모둠별로 학부모나 동네 어른 한 분을 섭외해서 인터뷰를 하는 수업인데, 각자 역할을 맡되 보고서를 쓸 때는 각각 작성한 글을 하나로 합해서 편집하게 한다. 그러고는 선생님과 함께 여러 차례의 수정을 거쳐 완성한 최종보고서를 제출하도록 한다.

2학기 활동은 모둠별로 읽은 책의 저자 한 분을 섭외하여 직접 인터뷰를 하고 최종보고서를 제출하는 것이다. 인터뷰 대상자를 직접 섭외하고 질문 요지를 준비하여 학교 밖으로 나가 세상과 직접 만나는 것이다. 국어교육과정에 있는 어떤 대상과 인터뷰하고 그 내용을 최종보고서로 기록하는 활동, 또 여러 사람이 협력해서 과제를 수행해내는 활동수업을 언어실습 수업과 연계하기 위해 기획했다.

입시 부담을 안고 있는 고3은 교외활동 대신 교내에서 '소설 대화하기 수업'으로 대체한다. 네 명씩 한 모둠으로 같은 작가의 소설책을 한 권씩 사서 읽은 다음 마음에 드는 단편이나 장편을 하나씩 골라 돌아가며 읽는다. 그러면서 서로 나눈 대화를 적는 것이 활동과제다. 점심시간에 학생들끼리 할 수 있는 과제라 인터뷰보다 시간 부담이 덜하다. 그것도 1학기에만 한 차례 실시한다.

학생들이 최종보고서를 제출했을 때 맞춤법이 틀렸거나, 문장이나 편집이 잘못되었거나, 전체적인 내용이 부족해도 곧바로 감점 요인이 되지는 않는다. 학생 스스로 고쳐오게 하고, 그런 다음 최종평가를 한다. 제출한 보고서 그대로 점수를 매기면 시간은 절약할 수 있지만, 그렇게 되면 학생이 자신의 글 어디가 어떻게 잘못되었는지, 그걸 어떻게 고쳐야 하는지 모르고 넘어가기 때문이다. 초등학교와 중학교에서 국어수업을 받았음에도 글을 쓰게 해보면 맞춤법에 맞지 않거나 비문이 많다. 학생들이 쓴 글을 교사가 읽고 다시 고쳐쓰게 해야 하는데 그렇지 않았기 때문이다.

학생들은 난생처음 해보는 인터뷰지만, 부모 인터뷰는 물론 저자 인터뷰까지 훌륭하게 해낸다. 저자 인터뷰를 처음 시도했을 때 학생들은 책을 쓴 분을 직접 만난다는 생각에 떨리면서도 불안해 했다. "우리 같은 시골 고등학생들을 만나주기나 할까? 만나면 무슨 말을 하지? 괜히 창피만 당하는 거 아니야?"

하지만 저자와 신나게 한판 수다를 떨고 돌아온 학생들은 얻어온 먹을거리를 자랑하느라 바쁘다. 두렵기만 했던 인터뷰 과제를 짜릿하고 뿌듯하게 마무리하는 비결은 뭘까? 선생님은 학생들이 인터뷰한 뒤에 제출한 최종보고서를 『송승훈 선생의 꿈꾸는 국어수업』(양철북, 2010)으로 엮어냈다. 그리고 책의 서문에 이렇게 썼다.

"학생들이 책을 읽고 저자를 찾아가 인터뷰한 글을 모았습니다. 특별히 잘하는 학생들만 데리고 한 일이 아닙니다. 모든 학생이 각자 자신의 모임을 만들어 다 같이 참여했습니다. 책을 내기 전 원고를 마무리하면서 학생들이 쓴 글을 다시 읽으며 저는 가슴이 뛰어 새벽 3시까지 잠들지 못했습니다. 글의 행간마다 학생들이 저자를 만나려고 애쓰는 모습, 저자를 만나 이야기를 나누며 뿌듯해하는 모습이 생생하게 전해져 제 가슴을 울렸습니다. (…) 이 책은 문득 삶이 적적하다고 여겨지는 사람에게 권해 드립니다. 학생들이 여기저기 부딪치며 뚫고 나가는 모습에서 젊은 기운이 전해지기에 무력감을 치유하는 효과가 있습니다."

03 교과서 수업은
전체 수업의 절반을 넘지 않게

송승훈 선생님은 전체 수업시간에서 교과서 수업을 30퍼센트 정도만 배정한다. 많아도 50퍼센트를 넘지 않는 게 좋다고 생각한다. 그 정도면 교과서가 요구하는 지식은 익힐 수 있고, 그 개념이나 지식을 활동과 실습으로 활용해야 그 이상의 능력을 얻을 수 있다고 본다. 대학입시가 큰 짐인 고등학생들은 모든 수업이 내신성적, 수능, 논술 등의 입시와 연계된다. 그런 의미에서 일부 학생들이나 학부형들은 그의 이런 수업 방식에 회의적일 수 있다. 그러나 그는 여유 있는 미소를 짓는다.

"교과서로 강의식 수업만 해보니까, 연말에 학생들이 좀 심하게 얘기해서 멍청해지더라고요. 반대로 독서수업과 토론수업, 활동수업을 병행한 학생들은 훨씬 활력 있고 똑똑해진단 말이에요. 예컨대 누군가가 단편영화를 찍는다고 할 때 영화 교과서만 달달 외우면 영화를 못 찍습니다. 반은 교과서를 외우고 나머지 반은 나가서 실습을 해야죠. 팀원끼리 대화도 해보고, 직접 카메라를 들고 나가서 좌절도 겪어보면서 얻게 되는 것들이 있거든요. 문자로 정의되지 않은 그런 지식은 실습과 활동을 통해서만 얻어집니다. 고급스러운 학문의 교육과정은 실습영역이 50퍼센트 정도 차지한다고 생각해요. 과학은 실험을 해야 하고, 영어는 말을 해봐야 하는 것처럼. 교과서를 만든 이들도 교과서만으로 공부하기를 원하지는 않을 겁니다."

송승훈 선생님은 남양주 광동고등학교에 부임하면서 독서수업과 활동수업을 해왔다. 처음에는 학생들에게 집에서 글을 읽어오게 하고, 활동과제를 주고, 강의하는 식으로 진행했는데 제대로 되는 게 없었다. 토론을 시키거나 뭔가 읽을거리를 주면 수업 분위기가 거의 무너질 지경이었다. 책을 읽고 감상을 쓰라고 하면 대부분 '읽고 나니 감명 깊었다'라는 식이었고, 그렇지 않으면 줄거리를 쓰는 것이 고작이었다. 감상이 아닌 줄거리를 쓰는 학생들에게 할 수 있는 것은 꾸짖고 혼내는 일뿐이었다. 꾸짖고 혼내면 반에서 일곱 명 정도는 원하는 글을 가져왔다. 그래서 처음에 그는 책을 읽고 글을 쓰는 활동은 '소수의 똑똑한 아이들만 할 수 있나보다'라고까지 생각했다.

"학생들이 '감상을 어떻게 써야 하는지 모르겠다'고 하면, 저는 '책을 처음 펼쳤을 때부터 마지막 끝날 때까지 든 생각을 그냥 다 쓰면 된다'고 대답했어요. 그러면 학생들은 좀 멍한 표정을 지으면서 다시 '책을 처음 펼친 다음 끝날 때까지 든 생각을 쓰라는 말은 알아듣겠는데, 그걸 어떻게 해야 하는지 모르겠다'고 얘기하더군요."

반에서 글을 잘 쓰는 소수의 아이들에 만족하던 시절, 학년말에 한 학생이 찾아왔다.

"글을 가장 잘 쓰던 학생이었어요. 그런데 '선생님, 전 글을 어떻게 써야 하는지 모르겠어요'라고 하는 거예요. 사실 저보다 글을 더 잘 쓴다고 생각한 학생이었거든요. 세상에는 뭔가를 그냥 잘하는 사람들이 있어요. 특별히 배우지도 않았는데 축구를 잘한다거나, 그림을 잘 그린다거나, 노래를 잘 부른다거나. 그 학생도 그렇게 글을 잘 쓰는 경우였지, 송승훈이라는 선생님한테 제대로 배워서 글을 잘 쓰게 된 학생이 아니었습니다."

그제야 송승훈 선생님은 학생들한테 목표만 제시했지 그 과정을 가르치지는 않았다는 걸 깨달았다. 그해 겨울 내내 고민은 이어졌다. '잘 가르치고 싶었는데, 왜 그랬을까?' 결론은 선생님 자신이 그렇게 배우면서 자랐기 때문이었다. 훌륭한 과제를 제시한 나는 좋은 교사다, 그렇게 스스로 만족하면서.

　과정을 잘 가르쳐주고 있다고 생각했는데 실제로 학생들은 아무 것도 모르고 있었다. 이러한 시행착오를 겪은 뒤에야 송승훈 선생님의 고민이 시작되었다. 어떻게 해야 학생들이 쉽게 수업을 이해할 수 있을까? 궁리를 거듭한 끝에 활동의 절차를 알려주는 설명서와 잘된 사례를 수업 전에 나눠주었다. 그렇게 시작된 첫 수업, 설명서와 잘 쓴 글을 나눠주니 반에서 공부 잘하는 몇몇 학생들만 좋아했다. 문제가 뭘까.

　학생들에게 제시한 글이 주로 50대 전문가들이 쓴 글이라는 데 문제가 있었다. 학생들은 그들의 어휘나 사고방식을 이해하지도, 따라가지도 못했다. 다시 생각을 거듭한 끝에 또래 학생들이 쓴 글 가운데 모범적인 것, 그러니까 10대들이 쓴 글 중에서 잘 쓴 것을 골라 나눠줬다. 그제야 대다수의 학생들이 따라할 수 있게 되었다. 조금씩 자신감이 생기기 시작했다.

　송승훈 선생님은 자신의 반성을 체계화했다. 이론을 이야기하면 바로 꿈나라로 가버리는 아이들을 깨우기 위해 필요한 것은 함께 이야기를 할 수 있는 시간과 이야깃거리를 만드는 것이었다. 서평을 쓰는 방식도 좀더 적극적으로 고민했다. 책에서 기억할 만한 것, 책의 내용과 연관된 세상의 일, 책과 관련된 개인적인 체험 등을 적어보게 했다. 평소에 글쓰기를 어려워하거나 천편일률적인 내용으로 성의 없이 몇 줄 써내거나 인터넷에서 베껴오던 학생들도 A4 3장은 어렵지 않게 써냈다. 학생들은 이렇게 쌓인 글감을 정리해서 근사한 서평을 내놓고, 나중에는 글쓰기에 자신을 갖게 되었다. 자신이 흥미를 가지고 읽던 책에서 세상과 혹은 나와의 공통점을 발견해나가고 이를 글로 옮기는 과정을 통해 좀더 쉽게 글쓰기에 도전하게 된 것이다.

04 똑똑해지고 싶은 아이들, 인생에 도움이 되는 교육

 책읽기 수업을 진행할 무렵, 송승훈 선생님은 전국국어교사모임의 고교수업연구모임에 참석했다. 모임에 참석한 교사들이 유행하는 직업에 대해 하는 이야기를 들었다. 호텔리어 드라마가 인기를 얻으면 학생들 사이에 호텔 관련 직업이 뜨고, 경찰특공대 드라마가 나오면 경찰이나 형사를 선호하는 학생들이 늘어난다는 이야기였다.

 그 자리에 있던 선생님들의 고민은 학생들에게 단순히 직업을 소개하는 것에 그치지 말고, 학생들이 자신의 일에 긍지를 갖고 보람차게 사는 사람들을 직접 만나보도록 하면 장래 직업을 선택하는 데 도움이 되지 않을까 하는 것이었다. 그렇게 시작된 것이 부모 인터뷰와 저자 인터뷰다. 부모나 이웃의 어른을 인터뷰하면서 부모 세대의 애환과 자식 사랑 등을 새롭게 깨달아가는 것, 저자를 직접 찾아가 책에 대해 질문도 하고 저자가 살아가는 모습도 살펴보는 기회를 갖는 것이 아이들의 미래를 좀더 풍성하게 만들 터였다.

"교육은 학생의 인생에 도움이 되어야 한다고 생각해요. 교과시간에 지식을 얻고 배웠으면 직접 실습을 해봐야 나중에 사회생활할 때 도움이 돼요. 입사면접에도 도움이 되고, 영업사원으로 현장에서 뛸 때도 도움이 되고, 문서를 작성할 때도 도움이 되고. 제가 활동수업에 중점을 둔다 해서 지식수업을 가볍게 여기거나 소홀히 하는 건 절대 아니에요. 지식수업은 지식을 익혔으면 생활에 적용해서 쓸 수 있게 만들어야 비로소 완성된다는 소신이 있을 뿐이에요. 활동수업도 지식 없이 활동만 하면 깊이가 없어요. 어떻게 하면 깊이 있는 인터뷰를 할 수 있는가 어떻게 사람을 만나야 하는가 이런 걸 미리 알려주는 것이 지식입니다. 지식을 흡수하고 이것을 실제 활동에 적용하는 거죠.
예를 들면, 교과서에서 배우는 봉산탈춤이 양반을 풍자하는 내용이라는 것은 지식이죠. 그걸 현재에 적용해 수업을 하려면, 오늘날의 사회지도층은 어떤 활동을 하고 있는가 오늘날 양반이라고 불릴 만한 사람들은 누구이며 그들은 봉산탈춤의 말뚝이 같은 사람들과 어떤 식으로 대화를 나누고 있는가 그런 물음을 던지고 그에 대한 학생들의 생각을 다른 이들과 나누고 정리를 해봐야 과거의 지식을 오늘의 현실에 활용할 수 있다고 생각합니다. 바로 그런 것이 교육이고요."

학교 바깥의 어른들은 요즘 학생들이 책을 안 읽는다고 한다. 하지만 책읽기 교육을 하는 교사들(지속가능한독서교육모임 '물꼬방'http://reading.naramal.or.kr)의 생각은 다르다. 학생들은 의외로 책읽기를 아주 좋아한다. 그냥 어느 기관이나 어떤 저명한 학자가 선정했다는 목록대로 책을 던져주면 일단 달아나지만, 학생들에게 맞는 책을 찾아주고, 대화를 하면서 책을 권하면 대부분 열심히 읽는다. 수업시간 중 10분이지만 가랑비에 옷 젖는 줄 모른다는 말도 있듯이 그 짧은 시간이 차곡차곡 쌓여 만들어내는 힘은 작지 않다.

　"학생들은 똑똑해지는 것에 대한 열망이 있어요. 직접 얘기를 나눠보면 책읽기에 호응을 보이는 학생이 70~80퍼센트 정도는 됩니다. 나머지 20~30퍼센트의 학생들에게는 수행평가에 반영한다고 독려합니다. 그럼에도 책읽기를 힘들어 하는 학생들이 있어요. 그런 친구들도 성교육에 관한 책이나, 청소년이 주인공으로 나오는 성장소설을 권해주면 잘 읽어요.
　1학년 때 책읽기 교육을 시작하면 거의 대부분 저항하지 않고 읽거든요. 하지만 3학년이 된 뒤에 책읽기 교육을 하는 교사를 처음 만나면 20퍼센트 정도의 학생들은 저항감을 갖습니다. 그래서 저는 1,2학년 학생들에게 고등학교에서 책읽기는 원래 하는 것이라고 얘기합니다. 처음부터 책읽기를 자연스러운 것으로 받아들이도록 하면 아이들은 책의 세계로 스스럼없이 들어오지요."

05 뛰어난 수업 모형은 고급 사교육에만 있는 게 아니다

"현재 우리 사회의 사교육에는 세 가지 부류가 있다고 생각해요. 그중 가장 낮은 수준의 사교육은 문제만 푸는 거지요. 어떻게 공부해야 실력이 느는지에 대한 고민 없이 대다수가 관습처럼 따르는 방식대로 문제집을 풉니다. 중간 정도의 사교육은 조금이나마 원리를 이해하려고 합니다. 한 문단짜리 짧은 글을 읽고 요약하기, 한 쪽짜리 글을 읽고 세 줄로 정리하기, 이런 식으로 읽기능력을 탄탄하게 연습시키는 방식이에요. 저는 그 학원 교재를 보면서 똑똑하다는 생각을 했어요. 진일보한 사교육이지요. 그럼 높은 수준의 사교육은 어떤 형태일까요? 책을 읽고 대화를 해요. 한 달에 한 번 정도 짧게 글을 쓰고 독서 토론을 합니다. 고급 사교육은 뛰어난 수업 모형과 크게 다르지 않아요."

38 · 최고의 교사

어떤 이들은 "당신이 낮은 수준의 사교육이라고 하는 것을 오늘날 많은 학원에서 진행하는데, 이는 대학입시에서 그만큼 효과를 보기 때문이 아닌가?"라고 이견을 달기도 한다. 송승훈 선생님은 이에 고개를 가로젓는다. 문제풀이 형태의 사교육은 입시에 대해 불안해 하는 학생이나 학부모를 가장 쉽게 설득할 수 있는 수단일 뿐이라는 것이다. 오히려 고급 사교육에서 하고 있는, 그리고 그가 꿈꾸는 수업이야말로 학생들과 교사, 모두에게 지치지 않는 동력을 제공하면서 더 나은 결과를 얻을 수 있다고 확신한다.

"물론 교과과목의 차이도 있긴 해요. 수능 언어영역의 경우 글을 읽고 그 글을 온전히 이해할 수 있으면 높은 점수를 받는 게 가능하지요. 책을 읽고 토론하고 글을 쓰면서 읽기능력을 높이는 쪽으로 학습하는 게 효과적일 수 있어요. 그래서 활동수업이 입시에 도움이 되는 속성이 있죠. 하지만 사회나 과학 같은 지식과목도 근본적으로 크게 다르지 않다고 생각해요. 지식이 현실에서 어떻게 적용되는지 배우는 것이 결국 학습의 목표이자 학생들이 공부하는 이유가 되니까요. 현실에 적용하면서 공부해야 한 번 외운 지식도 잊혀지지 않고요."

송승훈 선생님은 대학에서의 국어교육이 중고등학교 공교육 안에서도 이뤄지기를 바란다. 작가를 정해 그의 책을 읽고 토론하고 글로 써보는 것. 과제를 받고 관련된 자료를 모아 해결하는 과정을 실습하는 것. 이는 인류 역사에서 가장 보편적인 형태의 수업 방식이다. 공자도 제자들을 그렇게 가르쳤고, 과거 조선시대의 교육도 다르지 않았다. 교육선진국에서 일반적으로 쓰는 방식임은 물론이다. 하지만 세계적으로 보편화된 공교육을 우리는 대학에 가서야 비로소 받게 된다. 선생님은 그런 형태의 수업을 하기 위해 연구하고 노력해왔다. 학생들은 학교에서 기본개념을 익히고 그것을 현실에 적용하고 문제를 해결하는 과정에서 진정한 지식을 습득한다. 그것이 학습의 보편적인 모습일 것이다.

"사람이 물질적으로 부유해서 성공하는 경우도 있지만 가난해도 마음이 풍족해서 성공하는 경우가 있잖아요? 맑은 마음을 갖고 영적으로 행복한, 진정한 행복의 가치를 깨닫는 삶의 방식을 알려주는 교사가 되고 싶습니다. 욕심을 하나 더 내자면, 재미있는 교사가 되고 싶습니다. 재미가 없으면 학생들도 힘들어하고, 무엇보다 인생이 팍팍하잖아요? 학생들의 인생에 도움이 되는 교사, 정신적으로 풍요롭고 행복해지는 삶의 방식을 알려주는 교사, 또 그들이나 나나 재미있는 인생을 누리게끔 돕는 교사가 되고 싶고, 그렇게 되도록 노력하고 있어요."

1. 문학과 논술은 기출문제 풀이에 목숨 걸지 마라

기출문제는 고등학교 3학년 과정을 다 끝내고 실력이 정점에 오른 학생을 대상으로 대학에서 출제한 문제다. 그런 문제를 고등학교 1, 2학년 학생이 잘 풀 리가 없다. 논술 또한 글쓰기에 서툰 학생들은 제대로 글을 쓰지 못해, 결국 교사의 배경지식 설명으로 채워지기 쉽다.

2. '생활 글쓰기'부터 시작하라

글을 쓰는 행위의 기저에는 누군가와 소통하려는 마음이 깔려 있다. 하지만 논술은 가상의 채점관을 상대로 하여 높은 점수를 따야 하는 '목적이 있는 글쓰기'라 학생들에게는 참 어렵고 피곤하다. 처음 글쓰기를 익힐 때는 자기 삶을 있는 그대로 쓰는 생활 글쓰기가 좋다. 생활 글쓰기는 자기 삶에서 인상 깊었던 일을 솔직하게 쓰면 좋은 글이 나오므로 실제로 효과가 아주 높다. 이 방법을 쓰면 신기하게도 거의 모든 학생이 글다운 글을 쓴다. 글쓰기를 처음 하는 학생도 주눅 들지 않고, 글쓰기를 처음 가르치는 교사도 두려움이 사라진다.

3. 고쳐 쓰기로 글솜씨를 키우자

글은 같은 방식으로 많이 쓰기만 해서는 절대 늘지 않는다. 고쳐 쓰게 해야 솜씨가 는다. 재주가 있는 학생이라면 계속 글쓰기만 해도 실력이 좋아진다. 그러나 잘못 습관이든 학생이 고쳐 쓰기 지도를 받지 않은 상태에서 계속 글쓰기만 하면, 실력은 제자리에 머문다. 작가들이 자신의 글을 수십 번 고치듯, 글은 고치면 고칠수록 좋아진다.

4. 단행본을 많이 읽어라

공부는 세상의 문제를 이해하고 대응하는 역량을 기르기 위한 것이다. 이 과정에서 책 읽기는 무척 중요하다. 교과서는 지식의 과정이 아닌 결과를 요약한 것이라 단편적인 정보와 개념을 습득하기는 쉽지만, 자기 머리로 생각하는 힘은 약해진다. 연구자의 갈 등과 고민이 담긴 단행본은 기존의 통념과 맞서 자기 논리를 증명하려는 긴장감이 있 기 때문에 그런 책을 읽으면 생각하는 힘과 사안을 논쟁적으로 보는 힘이 길러진다.

5. 서평에도 방법이 있다

서평을 쓸 때는 첫째, 책에서 기억하고 싶은 내용을 다섯 가지 골라서 세 줄씩 설명을 단다. 둘째, 책과 연관된 세상 일을 세 가지 찾아 네 줄씩 설명을 적는다. 셋째, 책과 관 련된 자기 경험이나 마음의 움직임을 두 가지 적고 반쪽씩 설명을 쓴다. 넷째, 앞서 적 은 이야기 조각 열 개 중에서 네 개를 골라서 한 줄로 늘어놓았을 때 연결이 자연스러 운 구성을 찾는다. 그리고 이야기 조각에 살을 붙여서 한 개에 한 쪽씩 분량을 늘려 쓴 다. 다섯째, 머리말과 꼬리말을 반쪽씩 써서 앞뒤로 붙이면, A4 다섯 쪽짜리 서평이 완 성된다. 이 구성 방법은 여러 지역의 학교에서 검증이 이루어진 교육 방법이다.

6. 질문을 던져 스스로 생각을 깊게 하는 기술을 익혀라.

책읽기의 끝은 사색하는 데 있다. 사색은 '왜'에서 출발한다. '왜 그럴까' 하는 물음을 던지 면, 그 내용은 빛이 나기 시작한다. 주제가 무엇인가? 소재가 무엇인가? 이런 물음은 중요 하지 않다. 주제가 무엇인지 깨닫도록, 소재가 무엇인지 학습자가 자연스럽게 알도록 하 는 것이 제대로 된 물음이다.

첫째, 글에서 어떤 한 부분을 통해 전체를 이해하는 데 생각의 실마리가 되는 요소를 골라서 묻는다. 둘째, 당연하게 보던 것을 문제 삼는 방법이다. 셋째, 자신의 상황과 연 결해보는 방법으로 물음을 만든다. 넷째, 사회 쟁점 토론을 할 때는 '통계' 수치를 알아 보고 이를 활용하면 생각에 물꼬를 터주는 물음을 만들 수 있다.

읽고 쓰고 생각하며 세상과 공감하다

정진아 (국민대학교 산림환경시스템학과 4학년)

약간 어려운 책, 사전 찾고 메모하며 읽기

꾸준히 책을 읽었다. 내가 이해할 수 있는 것보다 약간 어려운 수준의 책을 읽으면서 글을 이해하는 능력을 높일 수 있었고, 익숙하지 않은 내용에 대한 어려움이나 거부감을 줄일 수 있었다. 모르는 단어나 마음에 든 표현은 꼭 적어두고 사전을 찾아보았다. 평소에 글을 쓸 때는, 책에서 발견하고 메모해둔 표현들을 써보려고 노력했다. 이를 통해 다양한 어감을 지닌 단어와 표현을 많이 익힐 수 있었고, 문장의 구조나 논리에 대해 좀더 정확히 파악할 수 있었다. 그 밖에 수능 언어영역 시험의 감을 잃지 않기 위해서 문제집 한 권을 정한 다음, 하루에 한 시간을 넘지 않는 선에서 조금씩 꾸준히 풀었다.

한 단원 읽고 내용 생각해보기

선생님은 책을 읽을 때 한 단원 정도 읽고 난 후 책을 덮고 방금 읽었던 내용이 무엇이었는지 다시 더듬어 생각해보는 연습을 하라고 하셨다. 긴 글을 읽고 문제를 풀 때, 그 내용을 효과적으로 기억해내는 능력을 기를 수 있다는 것이다. 내가 직접 해보지는 않았지만, 친구들은 이 방법이 수능 언어영역 시험에서 도움이 되었다고 했다.

송승훈 선생님은 단순히 국어과목을 가르쳐주는 선생님 그 이상이었다. 항상 우리에게 어떻게 살아갈 것인지 생각하고 고민하게 하셨다. 학생들을 미성숙한 아이들이라 얕보지 않으셨고, 당신이 실수한 것에 대해서도 거짓말을 하거나 둘러대지 않으셨다. 그 모습을 보면서 우리는 선생님을 믿고 신뢰하게 되었다. 그리고 선생님의 말씀과 가르침을 진심으로, 마음 깊은 곳에서 받아들이게 되었다. 선생님과 함께하며 배웠던 모든 것이 앞으로도 나를 키우고 이끌어줄 크나큰 밑천이 될 것이라고 믿는다.

'쌍점쌤'의
'1 : 多' 엮어 읽기

박지은 선생님
경북 구미 구미여자고등학교 국어교사

01

말하기, 듣기, 읽기, 쓰기, 세상을 살아가기 위한 도구

'언어영역은 왜 점수가 잘 오르지 않을까?'

이 물음은 수능시험을 준비하는 모든 고등학생들의 공통된 고민이자, 고등학교 국어교사들이 가장 많이 받는 질문일 것이다. 올해로 교단경력 10년차인 구미여자고등학교 국어교사 박지은 선생님은 방법을 알려주자니 문제 푸는 요령만 알려주는 것 같고, 언어영역 공부는 독서가 원천이라고 답하자니 학생들의 욕구를 충족시켜주지 못하는 것 같아 이래저래 마음이 상큼하지 않다.

언어영역을 잘한다는 것은 독해능력이 뛰어나다는 이야기와 같다. 그러므로 어떤 지문이나 문제유형을 만나도 해결해낼 수 있는 기본 독해능력을 기르는 것이 언어영역에 대비하는 가장 확실한 길이다. 어휘력을 기른 뒤 배경지식을 학습하고, 꾸준히 책을 읽으면 자연스럽게 언어영역에 자신이 붙게 된다.

"언어영역은 지식을 테스트하는 것이 아니라 지문에 드러난 작가의 생각을 이해하는 능력을 테스트하는 시험입니다. 공부를 따로 하지 않아도 책을 많이 읽는 학생들이 언어영역 점수가 높게 나오는 이유는 글을 읽는 능력이 좋기 때문이지요. 여기서 핵심은 문제를 읽는 능력이 아니라 글을 읽는(지문을 읽어내는) 능력입니다. 글을 읽는 능력을 키워주는 것이 제대로 된 언어영역 공부법이지요."

박지은 선생님은 학생들이 작품을 읽어내는 능력을 키우는 데 그치지 않고, 상상력과 창의력을 자극하여 책을 읽는 즐거움도 느끼도록 도와준다. 교과서에 실린 작품 외에 다양한 장르의 작품과 '엮어 읽기' 수업을 하는 이유가 바로 여기에 있다.

국어공부는 모국어공부다. 일상생활에서 수시로 마주치는 모국어를 사용하는 모든 환경이 국어공부의 재료이고 대상이다. 그래서 국어를 '범(汎)교과과목'이라 부른다. 현재의 수능시험 과목 이름이 '국어'가 아니고 굳이 '언어영역'인 것도 같은 취지다.

말하기, 듣기, 읽기, 쓰기로 이루어지는 국어가 세상을 살아가기 위한 도구라면, 국어시간에 배우는 언어활동(말하기, 듣기, 읽기, 쓰기)을 포함한 문학에 대한 기본적인 지식은 문제풀이가 아니라 '우리'의 현재를 설명해주는 것이라고 할 수 있다.

"학생들이 책을 많이 읽어서 우물 안 개구리 같은 좁은 사고에서 벗어나 세상을 좀더 폭넓고 다양하게 바라보는 시각을 가졌으면 좋겠어요. 스스로 작품을 찾아서 읽고, 친구들과 토론하며 의견을 나누는 수업이 살아 있는 국어수업입니다. 그렇게 해야 말하기도 되고, 쓰기도 되고, 표현하기, 이해하기까지 다 된다고 생각합니다."

02

'쌍점쌤'과 함께하는
국어학습장에는 무슨 내용이 있을까?

1학년 국어시간. 머리 양쪽에 꽂은 리본핀하며, 하늘하늘한 분홍색 원피스 차림의 박지은 선생님은 영락없는 봄처녀 같다. 오늘 배울 단원은 김유정의 「봄봄」이다. 수업이 시작되자 학생들은 교과서와 함께 '쌍점쌤과 함께하는 국어학습장'을 편다. '쌍점쌤'은 양눈 위에 점이 있는 그녀에게 학생들이 붙여준 별명이다.

수업은 '글쓴이 만나기' '어휘 파악하기' '줄거리와 내용 파악하기' '1:多 엮어 읽기' '출제자 되어보기'의 5단계로 진행된다. 먼저 '스무고개 놀이' 시간을 통해 그 단원의 작가에 대한 배경지식을 알아본다. 작가에 대한 깊이 있는 이해가 결국 작품을 폭넓게 이해하는 길이 될 수 있기 때문이다.

프로젝션 TV에 '즐겁게 배우는 스무고개-나는 무엇일까요?'라는 화면이 떴다. 첫 번째 화면은 '실레마을' 사진.

"이것만 봐서는 이 사진이 김유정과 무슨 연관이 있는지 잘 모르 겠지. 혹시 이 중에 김유정문학촌 다녀온 적 있는 사람? 김유정문 학촌이 어디 있는지 알고 있는 사람?"

"실레마을이요."

두 번째 힌트는 김유정문학촌의 전상국 촌장에 관한 이야기다.

"전상국이라는 분은「동행」과「우상의 눈물」이라는 작품을 쓴 소 설가야. 다른 반 보니까「우상의 눈물」을 읽고 온 사람이 있던데 혹 시 이 중에도 읽고 온 사람 있어?「우상의 눈물」은 1단원에 나오는 이문열의「우리들의 일그러진 영웅」을 떠올리게 하지.「우리들의 일그러진 영웅」이 독재정권 이야기를 교실이라는 작은 공간에서 벌어지는 엄석대와 나의 이야기를 통해 전개한다면,「우상의 눈물」 은 인간 사회에서 벌어지는 이야기(진실을 가장한 치밀한 위선의 무 서움)를 교실이라는 공간에 축소해서 표현했다는 공통점이 있지."

연이어 김유정이 회원으로 있었던 '구인회^{九人會}' 김유정이 지은 야학당 '금병의숙^{錦屛義塾}' 김유정이 사랑했던 여인들에 관한 자료화 면이 떴다. 글쓴이와 관련한 자료를 난이도를 조절하여 만든 스무 고개 놀이는 힌트가 나올 때마다 무엇에 관한 설명인지 알아맞히 는 놀이식 수업이다. 놀이와 접목해서 배우면 기억하기 쉽고 글쓴 이와 관련해서 배경지식도 풍부해지니 작품에도 더 흥미를 갖게 된다.

　이어지는 빙고놀이 시간은 어휘를 파악하는 수업이다. 쌍점쌤의 국어학습장에는 매 단원 빙고놀이 면이 별도로 만들어져 있다. 다음 단원의 내용 중 모르는 어휘 25개를 빙고놀이판에 쓰고, 그 뜻을 채우는 방식이다. 시나 시조는 작품이 짧아 수업을 하며 어휘 풀이를 해줄 수 있지만 소설이나 고전문학은 수업 시간에 일일이 설명하기가 쉽지 않다. 그러다보니 낯선 표현이나 어휘를 익히지 않고 넘어가버리는 경우가 많아 갈수록 학생들의 어휘력이 부족해졌다. 궁여지책으로 만들게 된 것이 빙고놀이였는데, 그야말로 '대박'이 났다. TV 모니터에 '숙맥菽麥'이 뜬다.

　"숙맥이 무슨 뜻이에요?"
　"어리석고 못난 사람."
　"옳지. 콩인지 보리인지 구별하지 못한다는 뜻으로 어리석고 못난 사람을 비유하는 말이라고 합니다. 본문에서 누가 숙맥일까요?"
　"나."
　"'나'가 잘못된 계약을 한 사람이니까 본문 전체에서 나를 어리석은 사람이라고 판단하는 '숙맥'이란 단어를 사용했죠."

　계속해서 선생님은 '내외內外하다' '훅닥이다' 등의 어휘를 본문과 연결지어 설명한다. 귀로는 선생님의 설명을 듣고 있지만 학생들 시선은 온통 빙고놀이판에 쏟아졌다. 놀이판에 채워온 어휘는 25개. 선생님이 설명해주는 단어와 25개가 다 일치해도 배열순서에서 행운이 따라야 빙고를 외칠 수 있다. '드립다' '얼찐' '냇병' '역성' '쟁그럽다'…… 어휘가 늘어나자 여기저기서 빙고를 외치고, 수업은 더 활기를 띠었다.

　소설이나 고전문학 같은 경우 학생들은 중세국어에서 사용된 어휘와 같은 낯선 표현, 낯선 어휘를 어려워한다. 모르는 어휘가 많으면 문장을 해석하는 것은 물론 글 전체의 내용을 파악하는 것이 어려워지고 수업을 따라가지 못하는 학생이 많아진다. 그래서 모르는 단어를 직접 찾아 적고, 빙고놀이를 통해 한 번 더 기억할 수 있도록 이런 활동을 하는 것이다.

　다음은 본문 내용을 파악하는 단계다. 읽은 내용을 다시 상기하고, 이해한 내용이 맞는지 다양한 방식으로 확인하는 것이다.

　줄거리를 구성단계별로 나누고 요약하여 괄호 채우기, 줄거리를 사건이 일어난 시간 순서대로 배열해보거나 작품의 내용을 한눈에 볼 수 있도록 구조화하기, 작품의 내용을 장면화로 그리거나 작품의 장면화를 순서대로 정리한 후 내용 발표하기가 선생님이 활용하고 있는 방법이다. 단원에 따라서 한 장면을 인기 드라마로 패러디하거나 결말을 바꿔 상황극으로 표현하기도 한다.

03 느린 듯하지만 가장 빠른 1:多 엮어 읽기

어휘를 파악하고 줄거리와 본문 내용을 이해하고 나면 이제 '엮어 읽기'를 할 시간이다. 단편소설집 한 권조차 읽지 않는 학생들이 태반인 요즘, 교과서만으로도 벅찬 대한민국 고등학생들에게 교과서에 나오는 문학작품은 물론 이와 연관된 작품을 엮어 읽는 수업이 가능할까?

쌍점쌤 박지은 선생님과 학생들은 '1:多 엮어 읽기'로 이를 실천한다. '1:多'에서 '1'은 교과서에 수록된 작품을 말한다. 이 부분은 선생님이 가르친다. '多'는 교과서 작품을 뿌리로 한 다양한 갈래의 작품들을 말한다. 이 부분은 학생들이 스스로 찾아 읽은 후 교과서 작품과의 공통점을 찾아내야 한다.

"가령 「봄봄」 수업을 하게 되면 그와 관련된 작품들의 원문을 모둠별로 각기 다르게 한 편씩 주고 인터넷 검색을 하거나 도서관 책을 활용해서 어떤 공통점이 있는지 찾도록 합니다. 그리고 모둠별로 앞에 나와서 발표를 하죠. 이러면 짧은 시간 안에 한 단원에서 한 작품만 배우는 게 아니라 여섯 작품, 일곱 작품을 배울 수 있거든요. 시간은 적게 들이면서 더 많은 작품을 배울 수 있으니까 무척 효과적입니다."

「봄봄」과 엮어 읽을 것들은 시 「머슴 대길이」(고은), 「낡은 집」(이용악), 「봄이 오면」(김동환), 「뿌리에게」(나희덕), 가사 「용부가」(작자미상), 시조 「님이 오마 하거늘」(작가미상) 등 다양한 갈래의 작품 여섯 편이다. 모둠별로 한 작품씩 나눠주고 「머슴 대길이」와 「봄봄」, 「용부가」와 「봄봄」, 「봄이 오면」과 「봄봄」, 이런 식으로 작품을 비교분석한다.

"1:多 엮어 읽기를 하는 이유는 아이들이 국어 문제 푸는 것을 어려워하기 때문이에요. 수능시험에서 시문학 문제는 지문 세 개가량을 엮어서 제시하잖아요. 시 하나를 해석하기도 힘든데 세 개를 엮어서 해석해야 하니 늘 틀리기 일쑤죠. 기본적으로 인간의 사고체계라는 것은 비교를 통해 같은 것과 다른 것을 찾아내는 작업이라고 볼 수 있잖아요. 여러 가지를 함께 엮어 비교하고 그것을 통해 의미를 알아나가는 거죠. 그게 엮어 읽기를 해야겠다고 생각한 이유였어요."

　현행 국어교육과정은 학생이 주체적으로 작품을 읽고 작품과 작품의 관계성 찾기를 바탕으로 수업을 해야 한다고 강조한다. 그것을 그대로 적용할 수 있는 수업 방식이 '1 : 多 엮어 읽기'였다.

　이런 수업 방식을 정착시키기까지 시행착오도 적지 않았다. 우선 학생들의 배경지식이 부족하다는 게 문제였다. 단편소설집 한 권조차 읽지 않고 판타지 소설이나 만화, 베스트셀러만 골라 읽는 학생들과 엮어 읽기 수업을 한다는 것은 무리였다. 학생들에게 어휘 조사를 시키고, 다양한 방법으로 내용을 파악하는 데 시간을 많이 할애하는 이유가 그 때문이었다.

　엮어 읽기를 위한 수업은 '작품목록 작성'에서부터 출발한다. 선생님은 우선 소장하고 있거나 자신이 읽은 책들을 분석하고, 새로운 책들을 살펴 메모한 후 목록을 만든다. 목록 작성이 수업을 준비하는 가장 핵심적인 부분이자 가장 어려운 일이기도 하다.

　목록을 작성하면 모둠별로 작품을 하나씩 배정하고 원문을 나눠 준다. 작품을 받은 학생들은 부산하게 움직인다. 작품을 분석하는 방법과 순서를 이야기하는 모둠, 분위기를 잡고 읊어보며 감상하는 모둠까지 각양각색이다. 그동안 선생님은 책상 사이를 분주히 돌며 오류를 수정하거나 방향을 잡아준다.

　"모둠별 엮어 읽기는 단원별 4~5차시 분량 중 한 시간을 할애해요. 친구들이랑 낯선 작품을 해석하면 각자 의견도 다르고 서로 이야기하는 과정에서 시나 소설을 분석하는 능력이 조금씩 자라거든요. 혼자서 하는 것보다 한 시간 정도 여럿이 함께 활동하는 것이 진도 나가는 데 크게 영향을 주지 않으면서 학생들의 문학감상 능력을 키워주는 방법이지요."

모둠별 엮어 읽기 활동을 마치면 발표시간이 이어진다. 칠판에 선생님이 정리한 「봄봄」 자료를 중심으로 예닐곱 개의 자료가 붙었다. 예닐곱 개 모둠에서 엮어 읽고 비교분석한 기록장이다. 모둠의 대표들이 나와서 발표를 하는 동안 선생님은 그때그때 오류를 바로잡아주고 부연설명을 하며 수업을 진행한다. 한 단원을 배울 때마다 본문 작품 외에 이 작품을 뿌리로 한 다양한 갈래의 문학작품을 엮어서 읽고 감상하는 것이다.
학기 초부터 엮어 읽기를 한 학생들은 학기가 끝날 때쯤이면 웬만한 작품은 한 번만 읽어도 비교분석할 수 있을 만큼 문학감상 능력이 생겼다.

"참고서식 정답이 100퍼센트에 가깝다면 학생들이 모둠별로 끄집어내는 활동을 통해 얻어낸 해석 또한 80~90퍼센트 이상은 됩니다. 어느 때는 120퍼센트 이상으로 훌륭한 해석을 내놓기도 하죠. 그런 걸 보면서, 일부러 가르치지 않아도 학생들은 충분히 훌륭하게 작품을 해석해낼 수 있다는 믿음이 생겼어요. 이 수업을 진행하면서 얻은 보너스입니다."

엮어 읽기는 '출제자 되어보기'로 마무리된다. 본문 내용을 깊이
있게 이해할 수 있도록 선생님은 학생들 스스로 서술자, 표현 방
식, 작품 전개 방식, 주제, 어휘 등에 대해 다양한 형태로 문제를
만들게 한다. 한 문제를 내기 위해 스스로 책을 찾아보고 자료를
찾다보면 한 시간 강의를 듣는 것보다 수업 효과는 더 높다. 학생
들 스스로 문제를 만들어보는 활동을 함으로써 내용의 이해는 물
론, 출제자의 의도를 파악하는 능력을 키울 수 있다. 동일한 유형
의 문제를 풀 때 발생하는 오류도 줄일 수 있다.

이제 선생님은 한 단계 더 나아간 엮어 읽기 수업을 구상하고 있
다. 책이나 참고서, 인터넷과 같은 참고자료 없이 '엮어 읽기' 활동
을 해보겠다는 것이다.

언어영역은 지문에 대한 빠르고 정확한 독해력과 비판적 분석력
을 요한다. 이는 책을 읽는 훈련을 반복하면 기를 수 있다. 폭넓은
독서는 문학이나 비문학작품에 대한 독해력뿐 아니라 논리적 사고
력과 분석력을 키워주기 때문이다. 어떤 글이든 서술방식의 논리
적 구조는 동일하므로 특정 단어의 뜻을 모르는 경우에도 구조를
파악하면 충분히 읽어낼 수 있다.

"아이들이 학기 초에는 자료를 참고하지 않으면 작품을 해석하
는 능력이 떨어졌거든요. 그런데 이제는 인터넷이나 책을 활용하

지 않아도 작품을 거의 정확하게 해석해내요. 일종의 훈련의 결과라고 할 수 있을 텐데요, 그런 과정을 거치면서 독해하는 방법을 터득하게 된 거죠."

처음에는 먼 길을 돌아서 가는 것 같았던 '1:多 엮어 읽기'는 일단 기반을 다져놓자 더 빠르고 넓은 확장성을 보이고 있다.

04 18종 교과서를 엮어 만든 쌍점쌤표 통합 교재

"국어교사의 목표이자 수업 방향은 학생들에게 의사소통 능력과 문학감상 능력을 심어주는 것이다."

박지은 선생님은 교사 임용이 되기 전까지 이 말을 철석같이 믿었다. 그러나 교사가 된 바로 그해에 이 믿음은 방향을 잃고 말았다.

2003년 경북 문경시의 한 인문계 고등학교에서 시작된 그녀의 교사 생활은 시작부터 삐걱거렸다. 재미있고 소통이 가능한 수업을 하자는 소신을 갖고 만든 50분 분량의 촘촘한 시나리오에는 인사말부터 수업 내용, 책에서 읽었던 인상 깊은 구절, 인터넷에 돌아다니는 농담까지 있었지만 학생들의 반응은 싸늘했다. 수능을 앞두고 있는 고3은 더욱 심각했다.

선생님이 하고 싶은 수업만 했던 것이 문제였다. 결국 당장 수능

성적을 올려주는 문제풀이 수업으로 급선회했다. 그러나 이 역시 결과는 좋지 않았다. 일주일도 안 돼서 문제집 한 권을 다 풀어내는 학생들에게 박지은 선생님의 문제집 풀이는 그야말로 시간낭비였던 것이다.

궁리 끝에 수능문제의 실체를 낱낱이 파헤치기로 했다. 모의고사문제와 수능기출문제는 물론 다양한 문제집을 쌓아놓고 출제 방향과 문제 유형을 파고들었다. 수능시험에서 학생들에게 요구하는 것은 결국 작품해석 능력이다. 하지만 언어영역의 경우 문학 외에 사회, 자연, 과학, 인문, 예술 등 비문학이 절반을 차지한다는 점이 문제였다. 결국 선생님이 할 수 있는, 그리고 해야 하는 것은 교과서 밖의 내용을 연계해주는 것이었다.

"고사 중에 독서백편의자현讀書百遍義自現이라는 말도 있잖아요. 아무리 모르는 구절도 백 번 읽으면 저절로 이해가 된다는 말처럼 읽기 활동이 중요하다고 생각했어요. 그렇게 나온 것이 '1:多 엮어 읽기'였지요."

선생님은 이 수업을 위해 시중에 나와 있는 18종의 문학교과서에 실린 모든 작품의 목록을 뽑았다. 교과 단원과 주제, 시대적 배경, 인물 등 공통적으로 엮을 수 있겠다 싶은 작품을 선별한 목록도 따로 만들었다. 한 단원을 수업하기 전에 미리 다양한 책들을 두루 훑어보면서 이 작품과 엮어 읽을 만한 책은 무엇인지, 작품

사이에 어떤 공통점이 있는지를 정리했고, 이런 것들을 하나하나 메모했다.

즉 「봄이 오면」과 「머슴 대길이」의 경우 주인공이 모두 머슴이고, 사투리를 사용해 향토적인 정서를 드러낸다는 점을 공통점으로 엮을 수 있겠다고 생각했다. 「낡은 집」의 경우는 일제강점기라는 시대상이 공통점이나 농촌소설인 「봄봄」에 비해서 「낡은 집」은 분위기가 어둡다는 차이가 있었다. 「용부가」는 해학성이 두드러진다는 점을 엮을 수 있다고 여겼다.

작품만 엮어 읽기를 한 것이 아니다. 18종의 문학교과서도 박지은 선생님표 문학교재로 엮었다. 현행 교육과정은 문학교과서 18종 중 하나를 선택하여 수업을 하도록 되어 있다. 그러나 교과서 한 종만으로 수업을 하기에는 내용이 너무 부실하기 때문에 대부분의 인문계 고등학교에서는 부교재를 사용한다. 박지은 선생님은 이러한 부교재 역시 내용이 부실하기는 마찬가지라고 여겼다. 수능기출문제만 다룬 것이 있는가 하면, 작품의 수가 터무니없이 부족한 것들도 많았다.

결국 선생님이 선택한 것은 직접 교재를 만드는 일이었다. 그렇게 해서 탄생한 것이 「쌍점쌤과 함께하는 가사문학 완전정복」 「쌍점쌤과 함께하는 고대가요·향가 완전정복」 「쌍점쌤과 함께하는 국어학습장」 등 다섯 권의 교재다. 선생님이 교재를 엮어낸 가장 큰 목적은 시간과 여력뿐 아니라 금전적으로 여유가 없는 학생들 때문이었다.

"저는 18종의 문학교과서를 구입하는 것은 물론 자습서나 인터넷, 다른 학교 선생님들이 만들어놓은 블로그 등을 다 참고할 수 있어요. 하지만 학생들은 국어만 공부하는 것이 아니니까 그럴 수는 없잖아요. 교재 한두 권을 가지고 공부하는 학생들은 이를 부족하다고 느끼는 것 같았어요. 다양한 작품들을 해석하고 분석할 수 있는 능력을 키워주고 싶었어요. 그래서 여러 자료들을 모아 정리해서 새로운 교재를 만들었지요."

선생님 자취방은
이심전심 상담실

"작년에 어떤 학생이 다리를 다친 걸 보고 저는 그냥 지나가는 말로 '어? 다리 다쳤네. 왜 그런 거야, 무슨 일 있었어?' 하고 얘길 건넸어요. 그런데 다음 날 그 학생이 저에게 과자와 편지를 가져왔더라고요. 관심을 가져줘서 고맙다는 내용이었어요. 그걸 보는 순간 학생들은 정말 작은 것에도 이런 감정을 느끼는구나 하고 깨달았어요. 사소한 말 한 마디, 작은 관심도 아이들에게는 크게 다가간다는 것을 알았어요."

선생님은 평소 학생들에게 이런 관심을 보여주는 것도 일종의 상담활동이라고 생각한다. 학기 초 학교 상담실에서 하게 되어 있는 상담을 선생님의 자취방에서 해오고 있는 것도 같은 이유에서다. 학교 상담실 같은 딱딱한 장소가 아니라 편안한 집에 와서 같이 밥을 해먹거나 게임을 하고, 아니면 함께 선생님의 학창시절 사진들을 보다보면 학생들은 그녀가 선생님이라는 걸 잊고 친구 사이인 양 고민도 털어놓고, 학교에서 있었던 일들을 자세하게 이야기하기도 한다. 다른 친구의 고민도 슬쩍슬쩍 얘기하면서. 학생들끼리만 알 수 있는 '진짜' 이야기를 듣는 것이다. 이는 그녀 자신이 중학교 때 선생님과 식사도 하고 재미있는 과외활동도 하면서 마음속 응어리들을 풀었던 기억에서 비롯한 것이다.

박지은 선생님은 3월 학기 초에 학생들을 처음 만나면 늘 같은 말로 시작을 한다. "사랑해…… 얘들아."

"그러면 학생들이 정말 저를 이상하게 쳐다봐요. 저는 다시 웃으며 나는 너희들이 나를 사랑한다고 착각하고 1년을 생활할 거라고 얘기하죠. 그런데 짝사랑이면 참 슬플 것 같으니 너희들이 나를 아주 많이 사랑한다고 생각하면서 받은 만큼 사랑을 줄 거라고요. 그러면 한 달이 채 지나지 않아서 학생들에게서 '선생님, 정말 좋아요'라는 이야기를 들어요. 신기하죠."

학생들의 고백에 선생님은 어떻게 반응할까. 박지은 선생님은 1년이 지난 후에 이야기하자고 한다. 그때도 '선생님 정말 좋아요, 내년에도 또 만나요'라고 이야기했으면 좋겠다는 바람에서다. 내년에도 다시 선생님과 함께하고 싶다는 그 한마디를 듣고 싶어 매년 3월부터 다음 해 2월까지 학생들을 위해 산다는 박지은 선생님. '이심전심', 마음과 마음은 통하게 마련이다.

1. 현대시는 화자와 상황, 정서, 태도를 찾아라

수많은 시를 모두 해석하고 기억할 수는 없다. 어떤 낯선 작품을 만나도 분석할 수 있도록 개념을 정리하는 것이 필수! 화자와 화자가 처한 상황, 정서, 태도를 먼저 찾아라. 화자와 상황, 정서 및 태도를 연결하면 그것이 결국 작품의 주제가 된다.

2. 문학작품은 개념 정리를 확실히 하고 작품을 분석하라

시뿐만 아니라 모든 영역의 문학작품을 해석할 때는 개념 정리가 우선이다. 문제를 무작정 많이 풀기보다 문제유형을 분석하고 시, 소설, 수필, 희곡에서 주로 묻는 문제가 어떤 것인지 파악한 다음 그 부분의 개념을 확실히 정리해두어야 한다.

소설은 소설의 3요소(주제, 구성, 문체), 구성의 3요소(인물, 사건, 배경), 시점 및 거리(distance)에 대한 개념을 정리하는 것이 좋고, 수필은 주로 고전과 엮어서 출제되므로 기본개념뿐만 아니라 작품의 소재에 대한 작가의 태도 및 관점을 정리한다.

3. 고전 시가는 갈래별, 주제별, 소재별로 묶어서 공부하라

고전 시가는 여러 작품이 주제와 소재가 동일하게 묶인다. 같은 주제별, 소재별로 묶어서 공부하면 좋다. 또한 시대별로 정리하는 것도 좋다. 작자층과 시대 상황을 반영론, 표현론적 관점에서 공부하면 작품에 대한 이해가 쉬워진다.

예) 조선시대 초기에는 조선 개국의 정당성을 추구하는 노래가 불렸다. 그 갈래가 바로 악장이다. 악장은 정치적 목적성이 강한 문학 갈래였기에 그 생명력이 길지 못했다.

4. 시문학은 주제, 소재, 표현법 등 다양한 부분으로 엮어서 공부하라

시문학 문제는 다른 작품과 연관하여 출제되는 경우가 대부분이다. 따라서 하나의 작품을 다른 작품과 관련지어 주제나 소재, 표현법 등을 엮어 공부하면 시를 감상하는 능력도 늘고 짧은 시간 안에 효율적으로 더 많은 작품을 학습할 수 있다.

5. 수업시간을 100퍼센트 활용하라

언어생활에서 45퍼센트를 차지하는 것이 바로 듣기다. 따라서 수업시간에 잘 듣기만 해도 이미 공부의 반을 한 것과 마찬가지다. 수업시간에 딴짓을 하다가 한 시간 수업한 내용을 혼자서 공부하게 되면 몇 배의 시간을 투자해도 수업과 같은 효과를 얻을 수 없다. 언어생활의 30퍼센트는 말하기다. 즉 수업시간에 열심히 듣고 적극적으로 발표하고 참여하는 것이 가장 효율적이라는 얘기다.

6. 신문읽기를 습관화하라

신문을 읽으면 일석삼조의 효과가 있다. 시사상식을 키울 수 있고, 신문 속의 칼럼을 통해 어휘력을 높이고, 글을 읽고 요약하는 습관을 들일 수 있어, 비문학 성적 향상에도 도움이 된다.

7. 독서백편의자현

아무리 모르는 구절도 백 번 읽으면 저절로 이해가 된다. 독서를 생활화하자. 모든 공부의 근본이 독서다. 특히 국어성적 향상의 지름길이다. 국어공부는 영어, 수학처럼 일시적인 집중으로 쉽게 이룰 수 있는 분야가 아니다. 가장 쉽게 다양한 배경지식을 쌓고 학습에 활용할 수 있는 방법이 바로 꾸준한 독서다.

속도보다 이해가 먼저다

강나리 (한양대학교 기계공학과 3학년)

첫 수업시간. 선생님은 나에게 지금까지 국어를 어떻게 공부해왔는지 이야기해보라고 하셨다. 공부법 같은 것은 상위 1퍼센트의 공부 잘하는 학생들만 하는 이야기인데, 왜 나를 지목하셨을까. 그때는 그 이유를 몰랐다. 나중에야 내가 평범한 보통 학생이기 때문이었다는 것을 알았다. 그렇게 묻고 대답하는 과정을 통해 국어를 어떻게 공부해왔는지, 앞으로 어떻게 해야 할지를 모두 공유할 수 있었다.

그림으로 이해하니 기억에 오래 남아

고등학교에 들어온 후 내게 국어는 그저 언어영역일 뿐이었다. 게다가 글 읽는 게 느린 편이라 국어가 부담스러웠고, 글이 완벽하게 이해되지 않아도 우선 빨리 넘어가자고 생각했다. 그런데 박지은 선생님께 국어를 배울 때만큼은 그런 조급함이 사라졌다. 국어과목이 부담스럽지 않고, 한 편의 이야기로 다가왔다.

줄거리를 그림으로 그려 칠판에 붙이는 장면화 수업도 처음에는 유치한 시간 낭비라고 생각했는데, 백 번 듣는 것보다 한 번 보는 게 더 기억에 남듯이 내용이나 주제가 훨씬 더 명료하게 머릿속에 들어와 확실하게 기억할 수 있었다. 시험문제를 만드는 것도 여러 작품들의 관계를 스스로 정리할 수 있어 유익했다.

빨리하기보다는 제대로 이해하자

국어공부 때문에 박지은 선생님과 상담도 했었는데, 남과 비교하지 말고 자신에게 맞는 절대 목표를 세우고 공부하면 된다고 말씀해주셨다. 덕분에 빨리하는 것보다 제대로 이해하는 것이 더 중요하다는 것을 깨달았다. "속도보다 이해가 먼저다"라는 선생님의 이야기는 문제를 풀 때도 크게 도움이 되었다. 이해가 덜 된 상태에서 지문을 빨리 읽는 것보다 지문 한두 개를 덜 읽더라도 정확히 이해하고 문제를 풀었을 때 점수도 더 잘 나온다는 걸 알았기 때문이다.

영어공부 길안내
마법 GPS

송정선 선생님
경기 수원 수원외국어고등학교 영어교사

01 Survival English가 아닌 Soulful English를 위하여

"영어는 평천하를 위한 도구입니다. 우리의 경쟁 상대가 미국의 스티브 잡스이고, 핀란드의 노키아인 이 시대에 한국어로 번역된 정보를 기다리는 것은 세상에 나아갈 기회를 버리는 것과 다를 바 없지요."

수원외국어고등학교 송정선 선생님은 현재와 같은 시대적 흐름에서 영어는 세상에 나가기 위한 훌륭한 도구임을 역설한다. 세계는 지금 인터넷과 통신기기의 발달로 국경 없는 세상이 되었다. 각종 자원의 이동이 자유로워졌고, 지식과 정보가 실시간으로 공유되고 있다. 인터넷 정보의 80퍼센트가 영어로 되어 있고, 국제기구의 85퍼센트가 영어를 사용하고 있다. 따라서 영어를 잘한다는 것은 영어로 된 지식을 쉽고 빠르게 취할 수 있고, 다양한 인종의 사람들과 교류할 수도 있는, 세계로 향한 창을 하나 갖는 것과 같다.

"2009년에 당시 가택연금 상태에 있던 아웅 산 수 치 여사의 소식을 다룬 CNN 뉴스를 가지고 수업을 했어요. 수업을 받았던 학생들은 뉴스를 이해하는 단계를 넘어 미얀마 민주주의의 상징인 아웅 산 수 치 여사의 구명을 촉구하는 시가행진에도 참가했지요. 영어를 통해 지구 어딘가에서 일어나는 문제를 접하고, 이를 해결하기 위해 직접 참여한 셈이지요."

영어는 세계라는 무대로 나아갈 인재들이 실시간으로 정보를 접하고, 인권, 환경, 정치, 경제 등의 활동에 주도적으로 참여할 수 있게 한다. 지식을 습득하고 활용하는 도구로써 영어를 공부하는 것은 필수적이다. 송정선 선생님의 이런 생각은 2010년 여름, 세계 30여 개국의 교사가 모인 자리에 한국 대표로 참가하면서 더욱 강해졌다. 피부색과 문화가 모두 다른 사람들이 한자리에 모인 그곳에서 대화의 소재는 주로 자국의 관습과 문화에 관한 것이었다. 모든 이들이 영어로 자신의 경험과 생각을 나누고 함께 고민하고 우정을 나누면서 영어는 역시 강력한 소통의 수단이라는 것을 새삼 확인하게 되었다.

"공항에서의 대화, 길 찾기, 안부 묻기 등에 그치는 'Survival

English'를 넘어, 나와 내 고장 내 나라를 올바르게 알릴 수 있는 'Soulful English'가 필요하다는 생각이 드는 순간이었습니다. 생각이 없는 영어는 무용無用하다는 것도 알게 되었지요. 자신의 생각과 경험 그리고 뿌리를 세계에 알릴 수 있는 사람이 되고 싶다면 영어를 공부해야 합니다."

02

GPS가 안내하는
즐거운 리스닝 스킬

"1.1배속으로 들려 드립니다. Get ready!"

수원외국어고등학교 3학년 영어 리스닝^{listening} 시간. 영어 지문 17개가 연속해서 들려오고, 학생들은 모르는 단어를 들리는 대로 받아 적거나 문장을 요약해서 해석하는 등 저마다 깨알같이 메모하느라 바쁘다.

M I didn't know you have a cat in your house.
　　너희 집에 고양이가 있는 줄 몰랐는데.

W I found her on my doorstep a month ago when it was

pouring rain outside.

한 달 전, 비가 퍼붓던 날 우리 집 문 앞에서 발견했어.

M What? You mean the little kitten was running around in the rain?

뭐라고? 작은 고양이가 빗속을 뛰어다녔다고?

W I think she lost her mother. She was shivering from the cold, and I just had to bring her inside the house. After that, she became part of the family.

엄마를 잃었나봐. 추위에 떨고 있어서 집으로 데려왔어. 그후로 고양이는 한가족이 되었어.

M It's still hard to believe. You can't stand any sort of pet, let alone stray cats.

도저히 안 믿겨. 너는 도둑고양이들은 말할 것도 없고, 그 어떤 애완동물도 못 견뎌 하잖아.

대부분 영어 듣기수업에서 주로 하는 활동은 괄호 채우기다. 송정선 선생님 수업의 다른 점이 있다면 학생들이 괄호를 채울 때 반복해서 듣는 것이 아니라 한 번만 듣고 기억을 더듬어서 빈칸을 채운다는 것이다.

"들을 때는 그냥 메모 정도만 해놓고 채우지는 못하게 해요. 그렇게 하면 리딩이 되어버리니까. 다 듣고 나서 마지막에 내가 정말 내용을 이해했다면 거기에 들어갈 수 있는 표현을 기억하거나 혹은 다른 말로 바꿔서 표현하거나 그래도 모르면 문맥에 맞게 만들어내거나 하는 게 가능할 것 같아요. 정답을 열어둔다고 할까요? 그게 제가 쓰는 방법이에요."

17개 지문 청취를 마치자 스크린에 문제가 뜬다.

M It's still hard to believe. You can't stand any sort of pet, ____.

빈칸에는 앞 지문에 나왔듯이 'let alone stray cats'(도둑고양이들은 말할 것도 없고)라는 표현을 써야 정답이다. 그런데 송정선 선생님의 수업에선 정답이 하나만이 아니다.

문제가 스크린에 뜨자 학생들이 서로 의논하느라 교실이 소란스러워졌다. 선생님의 수업 대부분은 팀별 발표로 진행된다. 짝끼리 답을 맞춰보고, 분단별로 해보고 그 다음에 발표를 시킨다. 그렇게 하면 학생들이 좀더 생각을 다듬을 수 있고, 자신이 못 들은 것을 다른 친구들을 통해 확인할 수 있기 때문이다. 두 사람의 지혜가 한 사람의 지혜보다 낫다.

의논을 거쳐 학생들은 '~는 말할 것도 없이' 라는 표현에 'needless to say, not to mention, not to speak of, not to say, without talking' 등 다양한 표현을 적어 냈다. 선생님은 관련 표현들을 모두 구글에 넣어 검색하고, 아리송할 경우엔 원어민 교사에게 물어서 사용이 가능한지 가린다. 그 결과 'needless to say, not to mention, not to speak of, not to say'는 어법이나 의미에 문제가 없어 모두 맞는 표현으로 인정해주고, 'without talking'은 'talk'가 보통 'talk to somebody'의 형태로 쓰이므로 맞지 않는다는 결론을 내렸다.

재밌는 것은 '도둑고양이' 라는 표현을 쓸 때 많은 학생들이 'thief cats' 라는 콩글리시를 사용했다는 점이다. 심지어는 'robber cats, bad cats, black cats'라고 한 학생들도 있었는데, 이런 표현들은 틀렸다고 굳이 말해주지 않아도 학생들 스스로 왜 아닐 것 같은지 자유롭게 의견을 내며 걸러낸다. 오히려 유사한 표현인 'alley cats, wandering cats, homeless cats, street cats' 등의 유사 답안을 찾아내기도 한다.

"괄호 채우기는 학생들이 특히 어려워하는 부분 중 하나입니다. 하지만 빈칸이라 오픈되어 있고, 더 자유롭게 생각을 쓸 수 있다고 격려하면 학생들은 생각지도 못한 다양한 표현을 내놓으면서 어떤 게 쓰이고 어떤 게 안 쓰이고 또 쓰인다면 어떤 차이가 있는지 직접 사전을 찾아보게 되지요. 이런 과정을 통해 더 다양한 표현을 알 수 있게 됩니다."

학생들은 여기서 더 나아가 문장의 전체적인 분위기나 격을 따져 빈칸에 적절한 표현을 찾아내기도 한다.

Two basic and interrelated aims of Western civilization are to preserve human life and to provide economic security.

서구 문명의 두 가지 기본적이고도 서로 연관된 목적은 인간적 삶을 보장하고 경제적 안전을 제공하는 것이다.

There is a concurrent striving for health and for_____ .

거기엔 건강과 _____ 를 위한 노력이 공존한다.

위 지문을 주고 학생들에게 자유롭게 빈칸을 채우게 한 뒤, 5~6명씩 그룹 토의를 거쳐 답이 되는 것을 모두 생각해보게 한다. 그중 가장 적절한 표현을 칠판에 적게 하고, 그 표현들의 의미 차이를 분석한 뒤 투표를 통해 최고의 표현을 찾는다. 토의를 거쳐 칠판에 뽑혀 나온 답들은 'wealth, richness, affluence, opulence' 등 다양했다. 투표 결과 학생들이 선정한 단어는 'wealth'였다. 그 이유는 'health'와 운율이 맞는다는 것이다. 이 과정에서 학생들은 단어 선택을 할 때 뜻만이 아니라 어투나 격식도 고려해야 한다는 것을 자연스럽게 습득하게 된다.

"영어공부를 하면서 느끼는 진정한 재미를 주고 싶어요. '동의어로 나왔지만 실제로는 쓰임이 다르더라' '저 사람은 저렇게 썼지만 나는 이렇게 쓸 수도 있겠다' 이런 재미를 알았으면 좋겠어요.

그래서 다양한 답을 열어두는 편이죠. 그래서 학생들에게 늘 '이건 왜 맞지? 이건 왜 틀리지? 영영사전을 찾아봐라'라고 이야기해요. 시간은 많이 걸리겠지만 제대로 공부하는 방법을 알 수 있게 되거든요."

유사한 답이 많이 나올 수 있는 수업이라 준비가 만만치 않다. 표현 하나만 가지고 수업에 들어가면 학생들의 질문에 명쾌한 대답을 해줄 수 없기 때문이다. 그래서 선생님은 학생들이 다양한 표현을 쓸 수 있다는 점에 착안해서 딕셔너리닷컴dictionary.com이나 동의어가 많은 사이트에 가서 여러 동의어를 찾아본 다음 수업에 들어간다. 학생들에게 지문 다섯 개를 주면 족히 열 개쯤은 미리 읽고 수업에 들어가야 체면이 선다.

철저하게 준비를 해도 변수는 있게 마련이다. 학생들이 마구 쏟아내는 표현들을 적합한 것과 부적합한 것으로 정리해주더라도 막상 찾아보면 실수를 한 경우가 있다. 명색이 교사인데 실수를 인정하기 쉽지 않지만 선생님은 다음 시간에 솔직히 털어놓고 정정해준다. 요새는 실수를 줄여볼 요량으로 명쾌하게 판단이 서지 않는 표현은 수업중에 바로 검색해 정리한다. 모르는 게 많아 매일 찾아보고 고민하는 선생님의 모습에서 학생들은 오히려 영어에 대한 진정한 열정을 느낀다.

"학생들이 이런 태도를 배워도 좋을 것 같아요. 선생님이 공부하는 방법, 이러면서 즐기는 법을 학생들이 더 많이 배웠으면 좋겠어요."

송정선 선생님의 듣고 괄호 채우기 활동에는 다양한 표현을 배우는 것 외에도 'Guessing, Paraphrasing, Summarizing' 학습도 할 수 있다. 한 번 들려주기 때문에 내용을 빠르게 요약summarizing해야 하고, 괄호에 들어갈 표현을 추측guessing해야 한다. 그리고 다른 표현으로 바꿔 쓰기paraphrasing를 할 수 있다. 그녀만의 영어공부 내비게이션 GPS인 셈이다.

"특별히 고민해서 만든 게 아니라, 듣기나 읽기 시간에 강조했던 것을 모으니까 GPS가 되더라고요. 일단 소설을 읽거나 예문을 듣다보면 제일 막히는 것이 모르는 단어잖아요. 그럴 땐 'guessing', 그냥 끝까지 재미있게 읽고 들으면서 그 내용이 뭘까 추측하는 거예요. 내용을 이해했다면 'paraphrasing', 즉 다른 말로 그 내용을 옮길 줄 알아야 하고요. 그런 과정들이 쌓인다면 마지막에 'summarizing'이 가능해져요. 그 세 가지를 묶어놓으면 GPS가 되지요. 제가 강조하고 싶은 것 중 하나입니다."

송정선 선생님은 영미권에서 살아본 적도, 흔한 어학연수도 다녀온 적 없는 순수 국내파 영어교사다. 일반 인문계 고등학교 6년, 외국어고등학교 5년차인 그녀가 말하는 영어 잘하는 법은 영어를 공부대상으로 여기지 않는 것이다. 선생님 자신이 그러했기 때문이다. 송정선 선생님은 의식적으로 영어를 자주 접할 수 있는 환경을 만들었다. 아침에 일어나면 EBS 라디오나 CNN 뉴스 듣기로 일과를 시작했다. 고등학교 때부터 알람으로 맞춰놓은 라디오 회화 프로그램은 지금도 여전하다.

"내용은 잘 기억이 안 나요. 무의식 중에 듣는 거지요. 오늘 아침에 CNN에서 어떤 뉴스가 나왔구나 이러면서 듣는데, 표현들을 많이 배워요. 꼭 공부하지 않더라도 익숙해지는 것만으로도 많은 도움이 됩니다."

2002년 교직에 입문한 후 6년여 간 줄곧 '펀 잉글리시Fun English'를 수업 모토로 삼았다. 동영상과 영어 퍼즐게임으로 흥미를 유도하고, 읽기 위주의 수업에서 벗어나 듣고 말하는 수업에 중심을 두었다. 이 수업으로 한국외국어대학교에서 개최한 '전국 영어수업 경연대회'에서 1등을 차지하기도 했다.

그러나 2008년 외국어고등학교로 옮긴 후 이런 수업 방식은 곧 한계에 부딪혔다. 학생들은 재밌게 게임식 수업을 하고 돌아서서는 "별로 배운 게 없다"며 혹평을 쏟아냈다. 특히 선생님을 분발하게 한 것은 학생들의 질문 방식이었다. 예전에는 "선생님 OO가 영어로 뭐예요?"와 같은 질문이 주를 이뤘다면, 이곳 학생들은 "선생님 OO를 영어로는 A라고도 하고 B라고도 하는데 어떻게 달라요?"

와 같은 심도 있는 질문이 쏟아졌다.

영어의 모든 것을 다 알 수 없는 만큼 아는 척할 수 없었다. 궁리를 거듭한 끝에 내린 결론은 모르는 것은 인정하되, 함께 공부하는 모습을 보여주고, 공부하는 방법을 알려주자는 것이었다. 그날로 온라인 교사 연수를 통해 'CNN 뉴스 듣기' 'TEPS 강좌' 등을 수강하고 주말에는 통번역대학원에서 공부를 계속했다.

수업에 컴퓨터를 들고 가서 정확한 답변을 모를 때는 즉석에서 구문을 검색해서 함께 용례를 찾아보기도 했다. 듣기나 읽기를 할 때는 해석을 해주기보다 모르는 단어가 나왔을 때 추론하는 법, 들은 내용을 필기하고 요약하는 법, 읽은 내용을 다른 표현으로 옮기는 법 등을 가르쳐주고 학생들 스스로 내용을 이해하고 재구성하도록 독려했다. 이렇게 해서 탄생한 것이 송정선 선생님의 수업 특징인 GPS다. 처음에 GPS 수업 방식을 설명했을 때 학생들은 '추상적이다' '수능과 연관이 없지 않느냐'라며 의구심을 보였다.

"좀더 깊이 생각해보면 가장 기본적인 스킬이 GPS입니다. 생활 속 영어에서는 정말 필요한 스킬이지요. 어려운 텍스트를 보면 먼저 시작해야 하는 게 추측^{guessing}입니다. 괄호 채우기나 주제 찾기 등을 할 때 학생들 본인도 모르는 사이에 하는 게 다른 표현으로 바꾸기^{paraphrasing}이고요. 다 읽고 나서는 요약^{summarizing}을 해야 합니다. 구술면접이나 논술에서도 요약은 핵심 스킬이지요."

03 2PM과 하인스 워드로 배우는 GPS 리딩 스킬

리딩^{reading} 시간은 자칫 지루해지기 십상이다. 송정선 선생님은 독해수업을 게임 등 다양한 활동과 접목한 GPS 리딩 스킬로 독해 능력을 높여준다.

선생님의 리딩 수업은 주어진 분량을 읽고 요약만 하는 게 아니다. 선생님이 띄워놓은 스크린의 보기 네 개 중 가장 적합한 주제를 찾는 방식도 자주 쓰인다. 여기서 네 개의 보기는 힌트가 될 것 같지만 오히려 혼란을 주도록 되어 있다. 모든 중요한 정보를 포함하고 있는 '가장 적합한 주제'를 찾는 것이기 때문이다.

1. Korea : A Favorite Venue for Various International Sports Competitions

2. Korean's Joy at Incheon's Selection as Host of the 2014 Asian Games.

3. Korea to Host a Major International Meeting for the 5th Time.

4. Korean's World Cup craze.

학생들은 2분 동안 주어진 지문을 읽고 요약한 다음 짝과 의논해 네 개의 보기 중 가장 적합한 주제를 찾는다. 이때 학생들이 사용하는 리딩 스킬이 'guessing'이다. 모르는 단어가 나오면 사전을 찾기 전에 뜻을 추측해보고, 지문을 읽을 때 이야기의 흐름을 파악해 접속사가 나오면 그 뒤에 어떤 내용이 이어질지 예상해보는 것이다. 추측이 맞는가 틀리는가에 얽매일 필요는 없다. 답을 알기 전에 미리 생각해보는 과정 자체가 중요한 것이다. 미국의 과학월간지인 『사이언티픽 아메리칸Scientific American』에서 발표한 연구결과(「Getting It Wrong: Surprising Tips on How to Learn」)에 따르면 같은 시간을 공부해도 미리 추측한 그룹이 그렇지 않은 그룹보다 10퍼센트 정도 더 많이 기억한다. 문제 열 개당 하나씩 더 맞추는 꼴이니, 크진 않아도 무시 못할 차이다.

교사 What does "Venue" mean? Anybody? ('베뉴' 뜻 아는 사람?)

학생 Place. (장소요.)

교사 A place. Great job. (장소. 잘했어요.)

교사 Number two. Korean's Joy at Incheon's Selection as Host of the 2014 Asian Games. (2번. 인천이 2014년 아시안게임 개최지로 선정된 것을 기뻐하는 한국.)

학생 This is too specific, right. It cannot include all the stories. it is not a good choice. (이 보기는 너무 구체적이에요. 모든 주제를 담고 있지 않아요. 좋은 보기가 아니에요.)

이렇게 송정선 선생님의 리딩 수업은 단순히 독해하는 시간이 아니라 읽고, 요약하고, 모르는 단어를 추측하고 의견을 말하면서 읽기와 말하기 능력을 높이는 시간이다.

교사 Number three?(3번은?)

학생 Too specific. (역시 너무 구체적이에요.)

교사 Too specific. Correct. And option number four. Korean's World Cup craze. What does "craze" mean? (맞아요. 너무 구체적이죠. 그럼 4번. 한국의 월드컵 열기. 'craze' 뜻은?)

교사 Being very enthusiastic. Nothing negative. Can you paraphrase it? ('열렬한'이라는 뜻이죠. 부정적인 뜻은 아니에요. 다른 말로 하면?)

학생 Passion. (열정적이다.)

학생들 (boom, love, popularity 등 동의어를 말한다.)

표현을 바꾸거나 동의어를 활용하는 리딩 스킬을 패러프레이징이라고 한다. 패러프레이징은 본래의 의미 변화 없이 표현을 다채롭게 바꾸어 활용하는 것이다. 가장 손쉬운 예는 동의어 활용이다. 'famous' 대신 'well-known'을 활용한다거나 'can' 대신 'be able to'를 사용하는 식이다. 선생님은 반의어를 많이 아는 것도 상당히 유용하다고 말한다. 그런 점에서 사전을 효율적으로 활용해야 한다. 단어 하나를 알아도 그와 관련한 유의어와 동의어를 충분히 익힌다면 그게 하나의 패러프레이징 스킬이 된다.

"단어를 아무리 많이 외워도 해석을 할 수 없는 경우가 많지요. 단어가 문장 속에서 어떻게 작용하는지 알아야 합니다. 어휘력은 문장 안에서 키웠을 때 가장 좋은 효과를 얻을 수 있어요."

리딩 수업에서 선생님은 교과서 단원과 연계해 국내의 이슈를 다룬 신문기사들을 영문판으로 묶어 부교재로 쓴다. 가령 교과서의 민족주의 단원에서는 아이돌그룹 2PM의 재범 사건이라든지 한국계 미식축구 선수 하인스 워드 이야기를 소재로 수업을 한다.

"한국에 관한 내용이니까 나중에도 쓸 수 있을 거 같아요. 일주일에 한 번씩 이런 활동을 하지만 한 학기면 17개, 한 해면 35개, 3학년까지 하면 100개의 주제에 대해 자기가 나름대로 의견을 정리해보고 쓰는 게 되거든요. 읽는 것을 넘어 자신의 의견을 써보는 게 굉장히 많은 도움이 되지요. 이렇게 공부를 하면 사고도 깊어지고 영어를 도구로 사용하는 방법도 알게 됩니다."

　내용을 요약하고 자기 의견을 넣는 과정에서 독해능력은 물론, 사건을 대하는 다양한 시각도 생긴다. 시사적인 내용을 이야기하면 학생들의 집중도가 달라진다. 관심 있는 이슈를 영어로 표현해보는 것에 굉장한 흥미를 갖기 때문이다. 그래서 수업시간에도 신문이나 매체의 뉴스를 자주 활용한다.
　선생님은 국내 이슈를 영문판과 한국어판 두 가지로 만들어서 한 시간은 영문판으로, 다음 시간은 한국어판으로 수업을 진행한다. 영문판을 주고 한국말로 어떻게 바꿀지 생각하게 한 뒤, 다음 시간에 한국어판을 보고 영문판의 표현을 되새기게 하면 자연스럽게 주제를 영어로 표현하는 자신만의 방법을 갖게 된다. 송정선 선생님이 직접 공부하고 터득한 방법이다.

04 하고 싶은 말을 다 하는 스피킹 스킬

스피킹 수업에서는 사회적으로 크게 이슈가 되었던 주제를 가지고 학생들이 직접 공익광고를 만들거나 토론한다. 리딩 수업에서 이미 배경지식이 쌓였기 때문에 영어로 말하기가 훨씬 수월하기 때문이다. 선생님은 특히 학생들의 관심이 높은 연예인과 같은 인물에 대한 주제는 말문을 트이게 하는 토론 주제로 적합하다고 한다. 그녀의 스피킹 수업을 잠깐 들여다보자.

학생 (영문판 신문을 읽는다.) Popular Korean female singer Lee Hyo-ri may have made a comeback with her fourth album, 'H. Logic' but she's already facing criticism for the music video for the title song, 〈Chitty Chitty Bang Bang〉. (한국 유명 여가수 이효리가 4집 앨범 'H. logic'을 가지고 돌아왔다. 하지만 벌써

타이틀 곡 〈Chitty Chitty Bang Bang〉의 뮤직비디오에 대한 비난
이 쏟아지고 있다.)

학생1 I think bloggers see Hyo-ri too critically. (네티즌이 이효
리에게 너무 비판적인 것 같아.)

학생2 It is just thick makeup but people accuse her of copying
Lady GaGa style, It's not fair. (화장이 너무 진해서 그런
가? 그렇다고 레이디 가가처럼 보는 건 공평하지 않아.)

학생3 If they have listened to the music of Lady GaGa and
Hyo-ri, they could feel the difference. Her 4th album is
similar to 〈U Go Girl〉. The only similarity between the
two singers is makeup style. (아마 음악을 들어봤다면 이
효리와 가가의 다른 점을 알 수 있을 거야. 내 생각엔 효리
의 4집 앨범은 〈U Go Girl〉 때와 비슷한 것 같고, 그냥 화
장이 가가와 비슷한 것 같아.)

(선생님, 이효리와 레이디 가가의 뮤직 비디오를 보여준다.)

교사 Tell me your opinion. What do you think? Do they have
a lot in common or not? (자 이제 의견을 말해봅시다. 어떤
가요? 정말 비슷한 것 같나요?)

학생1 Very similar hair color. (머리색이 비슷한 것 같네요.)

학생2 Actually two genres are not the same. (확실히 음악 장르는
달라요.)

학생3 Hyo-ri is more Hip-Hop, Lady GaGa is more dance

music, dancing with men. (이효리는 힙합이고, 레이디 가 가가는 댄스 음악이에요, 남자들과 춤추는.)

토론이 진행되는 동안 선생님은 오류를 정정하기보다는 주제에 대해 사고확장을 할 수 있는 의견을 제시하거나 학생들이 어려워 하는 표현을 간접적으로 제시하는 역할을 한다.

학생 I think Hyo-ri is not a stranger to this kind of criticism. I mean she has been accused of plagiarising other songs when she unveiled 〈10 Minutes〉 〈Get ya〉 〈U Go Girl〉 and 〈Toc Toc Toc〉. (이효리는 이번 표절 혐의 이전에도 많은 표절 의혹이 있었어. 〈10 Minutes〉 〈Get Ya〉 〈U Go Girl〉 〈Toc Toc Toc〉 같은 곡들에서.)

교사 I guess it could be a kind of strategy. Buzz marketing? It could be. She is always the center of the controversy. But she is getting more attention because of that. So it could be a sort of buzz marketing. (내 생각에 그건 일종의 전략 같아. 노이즈마케팅 같은? 이효리는 항상 논란의 중심에 서 있어. 하지만 그 이유 때문에 그녀는 더 많은 주목을 끌고 있어. 노이즈마케팅의 일종일 것 같아.)

학생 Eun-Hyo said people see Hyo-ri critically because she is a top star and the more reputation, popularity, the more anti, more noise.(은효가 말하길 이효리는 톱스타라서 명성이나 인기를 얻을수록 안티가 늘어난다고 해.)

교사 그 문장을 제대로 정렬해봅시다. 어떻게 하는 것이 좋을까요? 더 많은 관심을 받을수록 더 많은 안티팬을 갖게 된다. 더 많은 논란을 일으킨다. 어떻게 표현할까요? The more attention she gets, the more criticism there will be. (더 많은 관심을 받을수록 더 많은 비판을 받는다). 어쨌든 The 비교급+주어+동사, The 비교급+주어+동사, 어순은 이런 식이에요. Yes, good structure. (네, 좋은 문장구조입니다.)

이렇게 이효리에 대해서 배웠으면, 시험문제는 박재범에 대한 것을 낸다. 중요한 표현을 활용하게 하되, 본문을 바꾸는 것이다. 학생들이 표현이나 주요 내용을 응용해 문제를 푸는 능력을 기르길 원하기 때문이다. 'Lee is no stranger to criticism'(이효리는 비판에 익숙하다)라는 표현은 주어가 바뀌어도 자연스럽게 사용할 수 있어야 한다.

선생님은 이런 수업을 통해 하고 싶은 말을 제대로 된 표현을 써서 자신 있게 말하는 연습을 시킨다. 발음은 그리 중요하지 않다. 송정선 선생님은 발음이 서툴러도 하고 싶은 말을 정확하게 표현하는 사람이 영어를 잘하는 사람이라고 말한다. 영어는 말이다. 말을 할 때는 의사소통에 집중해야 한다. 완벽한 발음, 문법, 표현에 집착하면 입이 열리지 않는다.

"예전에 미국에 여행을 간 적이 있어요. 일상생활에서 쓰는 회화 책 있잖아요. 그 회화책의 목차를 가져갔어요. 거기 있는 걸 다 해보려구요. 도서관 가기, 슈퍼마켓 가기, 공항에서 나누는 대화는 당연한 거고 마지막에 한 가지가 남은 거예요. 바로 병원 가기였죠. 밤새 일부러 몸을 긁고 가서 의사한테 상담을 받는데 3시간이 넘게 걸렸어요. 의사가 원인을 모르겠다는 거예요. 그래서 제가 나중에 고백을 했어요. 영어 때문에 일부러 왔다고. 그러니까 대단하다면서 그만 가라고 하기에 약국에도 가야 하니 처방전을 써달라고 했지요. 연고 처방을 받아서 약국까지 다녀온 것으로 미션을 완수했어요."

선생님은 일부러 물건도 반품해보고, 숙소에서 직원에게 괜시리 불만을 이야기하기도 했다고 한다.

"정중한 영어를 배워보고 싶어 한 번이라도 더 항의를 했어요. 제가 하도 그러니까 그쪽에서 먼저 물어보더라고요. 뭘 어떻게 해주면 좋겠냐고. 그래서 원하는 바를 말한 적도 있어요. 두려워해서는 안 됩니다. 말하기의 두려움을 없애려면 먼저 리딩을 많이 하세요. 단어를 많이 확보하면 말을 하고 싶어서 입이 근질근질할 때가 꼭 옵니다."

05 나는 학생들의 페이스메이커가 되고 싶다

수원외국어고등학교에는 '입이 트이는 영어'라는 이름의 동아리가 있다. 1학년 첫 영어회화 수업을 하고 흔히 말하는 영어 울렁증을 느낀 학생들이 자발적으로 모여 만든 동아리다. 지도교사 입장이 아니라 자문 자격으로 동아리에 참여하는 송정선 선생님은 학생들이 배우는 과정을 즐기기를 바란다.

"자기들끼리 모여 대화하면서 문제를 해결해나가는 거예요. 뜻을 모르는 단어는 추측을 통해 비슷한 단어로 풀어가고, 그래도 모르는 단어는 표현을 찾아가면서 풀어가고. 이런 식으로 서로 도우며 공부를 하다보니 학생들이 느끼지 못하는 사이에 단어와 표현이 쌓여가는 것은 물론이고 자신감도 커지더라고요. 무엇보다 자기들이 영어로 의사소통을 할 수 있다는 자신감을 얻었어요."

송정선 선생님은 일 년에 단 한 명이라도 영어를 정말 좋아하고 나아가 영어를 통해 한국과 세계 사이에 다리를 놓는 일에 앞장서고 싶다고 꿈꾸는 학생을 만나기를 바란다. 선생님 또한 매주 원어민 교사에게 작문교육을 받고, 주말에는 통역대학원에서 영어공부를 하는지라 학생들의 고충을 이해한다. 가르치는 교사이자 배우는 학생이 되니, 학생들이 무엇을 어려워하는지 알 수 있다는 점이 좋다. 그러면서 선생님 자신의 외연도 확장되어가는 것을 느낀다. 동료교사 낸시는 이런 송정선 선생님을 '가르치는 학생'이라고 표현한다. 더 좋은 교사가 되기 위해 항상 무언가를 배우고, 배운 것을 학생들에게 알려주기 때문이다.

선생님은 학생들이 시험영어와 생존영어를 넘어 진정한 영어공부를 하는 '러너learner&runner'가 되기를 바란다. 이를 위해 기꺼이 학생들의 '페이스메이커pacemarker'가 되어줄 준비가 되어 있다.

"다 알아서 학생들한테 가르쳐주는 사람이 아니라 공부하는 방법을 알기 때문에 학생들이 잘 공부할 수 있도록 유도하는 사람이 교사라고 생각합니다. 제가 여러 가지 방법을 제시하면 학생들은 그중 '이게 맞는 거 같아. 하지만 내 방법은 이것 플러스 알파야'라며 자신만의 것을 찾아가기를 바라는 것이죠. 제가 원하는 학생은 단순히 공부 잘하고 시험 잘 보는 'student'가 아니라 배움 앞에 겸손하고 모르는 것을 찾아서 더 배우려고 노력하는 'learner'입니다."

1. 스크립트를 버려라

스크립트를 보면 그때부터는 듣기가 아닌 읽기가 된다. 스크립트 없이 듣고 내용을 요약하는 연습을 먼저 해보라. 내용을 전혀 몰라서 안 들릴 때는 소재나 주제 정도만 듣고 관련된 영문 자료를 본 후 듣기에 재도전하라. 듣기 연습용 받아쓰기를 할 때는 한 단락 이상 들은 후 기억해서 스크립트를 채운다. 이때 같은 단어가 아니라도 유사표현이면 맞는 것으로 처리한다.

2. 내 식으로 바꿔서 말하고 써보기

들은 내용을 자신의 말로 연습해보는 것도 중요하다. 들으면서 각종 기호와 한국어, 영어를 이용해 내용을 요약한 후 한국어와 영어로 다시 말해보는 연습을 하면 실력이 정말 많이 는다. 이 방법은 쓰기 연습에도 적용되는데, 가끔 아주 지루한 수업을 들을 때 필기를 영어로 하다보면 잠도 깨고 영어공부도 되는 일석이조의 효과가 있다.

3. 읽기는 사전과 해설서 없이도 가능하다

모르는 단어가 나올 때마다 사전을 찾아 공부하면, 맥이 끊겨 읽기가 더디게 진행된다. 읽다보면 뒤에서 그 단어를 바꿔 표현하거나, 그 단어에 대한 해설이나 예가 등장하는 경우도 많기 때문에 그냥 쭉 읽되, 모르는 단어는 세모 표시를 해놓았다가 다 읽고 나서 사전을 찾으면 좋다. 해설서야말로 'guessing game'의 스포일러라고 할 수 있다.

해설서는 당장 던져버려라.

4. 전자사전을 십분 활용하고 단어장을 관리하자

전자사전을 활용해 단어를 찾을 때는 듀얼 모드^{dual mode} 등을 써보자. 그래서 영영사전, 영한사전이 동시에 보이게 하고 동의어 및 연어 기능을 활용하여 반드시 유사어 및 함께 사용되는 단어 등을 체크한다. 이렇게 찾은 단어는 주제별로 엮어 전자사전에 옮겨놓고 틈날 때마다 다시 확인한다. 자주 틀리는 표현은 따로 파일로 정리해서 거듭 암기한다. 이렇게 쌓인 나만의 단어집은 시중의 어떤 단어장보다 유용하며, 자주 보다보면 어휘력뿐만 아니라 글쓰기 실력도 한결 좋아진다.

5. 읽기 비법 – 단락독해 & GPS

읽기 공부를 할 때 각 단락의 주제문에 밑줄, 연결어에 네모, 새로운 표현에 세모 표시 등을 하면서 단락별로 독해를 한다. 게임을 하듯 모르는 단어를 추측하고, 아는 표현을 다른 표현으로 바꿔보고, 마지막에 내용을 요약하면 그야말로 GPS(내비게이션)처럼 영어 읽기의 길이 보인다.

6. 뭘 읽어야 하나?

읽을거리는 재미있어야 속도를 높일 수 있다. 한 쪽당 모르는 단어가 10개 이하인 것으로 내용이 쉬운 것부터 시작한다. 독해할 때 속도가 떨어지면 원서 10권을 GPS법으로 완독하는 것을 목표로 시작하라. 실력이 어느 정도 있는 편이면 영자 신문 중 'Bilingual session(한국어와 영어가 함께 있는 것)'을 읽어보라. 이때 한국어와 영어를 비교하며 읽기보다는 영어만 먼저 읽고, 나중에 한국어 부분을 영어로 옮겨본 다음 다시 영어 부분을 읽는 것이 훨씬 효율적이다.

7. 말하기 – EBS 라디오 〈입이 트이는 영어〉

10년이 넘도록 매일 아침을 여는 나만의 알람은 오전 6시 EBS FM 104.5 MHz였다. 그 중에서도 7시에 방송되는 〈입이 트이는 영어〉는 매일 한 가지 소재에 대해 영어로 소개하는 고급 표현들을 다루는데, 방송을 들으며 따라하다보면 자기도 모르게 실력이 일

취월장하게 된다.

8. 발음이 걱정이라면 섀도윙Shadowing 강추

발음 때문에 영어가 힘들다면 섀도윙을 강추한다. 이 비법은 귀로 들으며 바로 입으로 따라하는 방법인데, 이때는 본인이 모방하고 싶은 발음을 들으며 연습한다. 섀도윙을 많이 하면 발음과 억양뿐 아니라 연음 등도 자연스럽게 습득하게 된다.

9. 녹음기를 이용해 말하고, 써보고, 고쳐보자

말하기가 걱정된다면 아주 뻔한 문제를 만들어보고, 이에 대한 답변을 MP3 플레이어나 전자사전, 컴퓨터 등에 내장된 녹음기로 녹음해본다. 그 다음 녹음한 음성 파일을 들으며 자신이 답변한 내용을 써보고, 이를 다시 수정하는 연습을 한다.

10. MS 워드의 문법 자동검사와 동의어 기능, 용례 구글링 활용하기

MS 워드 프로그램을 이용해 영어 문장을 작성하면, 비문일 때는 자동으로 빨간 밑줄이 생기며 이때 마우스 오른쪽을 클릭하면 옳은 표현이 뜬다. 또한 같은 표현이 계속 반복될 때도 마우스 오른쪽을 클릭하면 '영어 동의어' 목록이 뜨는데 이 중 마음에 드는 표현을 사용해 반복을 피할 수 있다. 영작을 하다가 '이런 표현도 쓰나?' 싶은 표현이 있을 때는 구글 검색창에 ' ' 속에 표현을 적어 검색하면 사용빈도가 검색되는데, 보통 10만 건 이상의 용례가 확인되면 써도 무방한 표현이라고 할 수 있다.

졸업생에게 듣는다

머리가 아니라 가슴으로 느끼는 영어

김다정 (성공회대학교 사회학부 3학년)

적절한 리듬과 템포가 살아 있는 수업 구성

송정선 선생님 수업의 특징은 리듬과 템포가 있다는 것이다. 지루하고 힘든 문법 설명 다음에는 그 문법을 활용한 재미있는 어구 설명을 배치한다든가, 이해가 부족하다 싶은 순간에 영상자료를 보여주는 식이다. 어찌 보면 당연하고 쉽게 들릴 수 있지만 수업 마다 적절하게 흐름을 구성한다는 것이 말처럼 쉬운 일은 아니다.

온몸으로 단어를 익히다

선생님께서 매 시간 나누어주신 유인물에는 영어 단어와 그 단어가 적절하게 쓰이는 상황에 대한 문장이 함께 적혀 있다. 사실 입시에 쫓기다보면 무조건 단어를 외우는 것이 효율적이라 할 수 있지만, 선생님께서는 더디더라도 온몸으로 익힐 수 있는 자료를 준비해주시고 우리가 그에 익숙해질 수 있도록 반복해서 단어를 접하게 해주셨다. 그렇게 익힌 단어들을 수업시간은 물론 기숙사나 식당 등 학교 곳곳에서 농담처럼 혹은 일상처럼 친구들과 자연스럽게 사용했고, 원어민 선생님들과의 대화에도 자신감이 생겼다.

미국 드라마를 보며 영어 감각을 키우다

미국 드라마를 보는 것이 공부에 방해가 된다고 생각하는 이들도 있지만, 나는 미국 드라마를 상당히 많이 보았다. 외국에서 살아본 경험이 없기 때문에 영어에 대한 감각이 부족해 미국 드라마를 볼 때 항상 자막과 들리는 영어를 비교해가며 단어 하나하나의 느낌을 이해하기 위해 노력했다. 그러다보니 어느 순간부터 자막 없이도 영상의 흐름만으로 상황을 이해할 수 있게 되었다. 영어라는 언어가 가진 느낌이 한 번 통하고 나니, 대학에 와서 전공공부에 밀려 영어공부에 다소 소홀해졌어도 온몸으로 익힌 느낌은 고스란히 남아 있다.

기본적인 영어실력 배양에 중점을 두다

윤지윤 (이화여자대학교 중어중문학과 3학년)

풍성한 자료, 재미있는 수업

선생님은 수업에 정말 다양한 자료를 활용하셨다. 처음에는 이런 공부법이 도움이 될까 하는 의문도 들었지만 선생님은 수능문제를 잘 푸는 스킬보다 기본적인 영어실력 배양에 많은 노력을 기울이셨다.

난이도가 높지 않은 원서 한 권을 무조건 떼도록 하거나 TED 연설이나 외국 교수의 명강의 같은 풍성한 자료 덕에 수업이 지루하지 않았다. 일반적인 수업과는 전혀 다르고 어찌 보면 수업 같지 않은 수업이었으나 공부가 되는 특이한 수업이었다. 과제로 내주시는 '통문장 영어'도 많이 외우려고 노력했다. 나는 평소 전치사 부분을 무척 어려워했는데 문장을 통으로 외우면서 많은 도움을 얻었다.

문제 지문, 흥미로운 소설처럼 술술 읽기

선생님의 가르침을 바탕으로 나름대로 터득한 방법 중 가장 좋았던 것은 문제를 재미있는 책 읽듯 술술 읽어나가는 것이었다. 어떤 문제를 대하건 재미있는 소설이라고 생각하고 읽는 습관을 들인 것이다. 모르는 단어에 크게 신경 쓰지 않고 지문에 푹 빠져 읽은 다음 문제를 풀었다. 그러다보니 자연스레 집중도 잘 되고 문제 푸는 속도도 빨라지고 정답률도 높아졌다. 영어공부뿐만 아니라 간간이 들려주신 선생님 자신의 열정으로 가득 찬 삶의 이야기는 나에게 큰 자극제가 되었다.

스토리로 만나는
즐거운 영어

|

이경찬 선생님
서울 송곡여자고등학교 영어교사

01 시작은 '해리 포터'로, 영어 감수성이 쑥쑥 자라는 시간

송곡여자고등학교 영어전용 교실 서고에 한 무리의 학생들이 모여 있다.

학생1 쉬운 거 대출해도 돼요?

교사 아, 당근이지. 수진이는 뭐 골랐어?

학생2 셜록 홈즈요.

교사 왜?

학생2 셜록 홈즈를 좋아해서요.

교사 읽어본 적 있어?

학생2 한글로 된 책은 읽었어요.

교사 혜진이는 무슨 책?

학생3 『어린 왕자』요.

교사 『어린 왕자』, 좋지.

학생3 그 스토리를 좋아해서 실력껏 읽어보려고요.

학생4 시리즈 읽어도 돼요?

학생들이 고르는 책을 가만히 들여다보면 영어로 된 스토리 북이 많다. Starter, Beginner, Elementary, Pre-intermediate, Intermediate, Upper-intermediate의 6단계로 이루어져 있어 자신 의 영어 수준에 따라 고를 수 있다. 학생들은 스토리북을 쉬는 시 간 틈틈이 읽는다. "읽는 맛이 있다" "결말을 알고 싶어서 자꾸 읽 게 된다" "영어책 읽는 방법을 알게 됐다" 등 학생들의 반응도 각양 각색이다. 시리즈로 책을 빌려보겠다는 학생과 영어원서 읽기를 권하는 선생님은 수능영어에 목매는 대한민국 인문계 고등학교에 서는 분명 낯선 풍경이다.

"『해리 포터』가 선풍적 인기를 끌고 있을 때 그 책이 뭐가 그리 대단한지 궁금해서 영어로 된 책을 들었어요. 그런데 막상 읽어보 니 다양한 신조어들의 의미를 파악하는 것이 너무 힘든 거예요. 몇 장 읽지도 못하고 포기했어요. 내심 창피했죠. 그러다가 방과후 학 교에서 열심히 『해리 포터』를 읽고 있는 한 학생을 봤어요. 정말 재 미있어서 읽는 거냐고 물었더니 진심 어린 표정으로 그렇다고 하 더군요. 그때 독서의 즐거움을 봤습니다. 저는 개인적으로 그 단계 를 인내하지 못했고, 내 나이에 맞는 책도 아니라 중도에 포기하고 말았는데, 그 학생은 세계의 아이들이 읽는 책을 나도 같이 즐기고 싶다는 욕구가 있었던 거지요. 스토리북은 아이들의 그런 욕구를 채워주기 위해 시작되었습니다."

이경찬 선생님은 영어 교과서가 영어에 대한 학생들의 호기심을 꺾을 수도 있다고 얘기한다. 교육과정에 맞춰 선정된 어휘, 구문, 어법 및 내용 때문에 어떤 학생들은 영어를 재미없고 지루한 과목으로 여기게 되는 것이다. 영어 교과서의 문제는 이경찬 선생님이 학생들에게 영어로 된 스토리북 혹은 챕터북을 읽히기 시작하면서 더욱 명확해졌다. 학생들의 영어에 대한 감수성이 달라지기 시작한 것이다. 책에 반복적으로 나타나는 단어와 표현법에 익숙해지면서 읽는 속도가 빨라지고 영어 작문실력도 늘어났다. 독서의 뿌듯함을 알게 된 것은 더욱 큰 성과였다.

선생님은 새 학기가 시작될 무렵이면 동료 영어교사들과 머리를 맞대고 이번 학기엔 어떤 스토리북으로 수업을 할지 궁리한다. 수업에 활용할 스토리북의 조건은 학생들이 읽기에 재미있고 '만만해야 한다'는 것과 영화로 상영되어 익숙하게 받아들일 수 있는 내용이어야 한다는 것이다. 그렇게 해서 선정한 스토리북이『오페라의 유령 The Phantom of the Opera』『프린세스 다이어리 The Princess Diaries』『빨강머리 앤 Anne of Green Gables』이다. 다른 선생님들과 협의해 선정한 이 책들은 영국과 미국에서 펴낸 문학작품으로 레벨2 또는 레벨3 수준인 Beginner 또는 Elementary 단계의 책이다.

02 영어, 공부가 아니라 즐거운 독서일 수는 없을까?

이경찬 선생님이 중학교 1학년 담임을 맡았던 2004년, 반의 몇 몇 학생들이 불량서클에 가입하려고 했다. 주위에선 아이들을 질타했지만 그리 간단한 문제가 아니었다. 부모가 맞벌이로 바빠 아이 교육에 신경을 못 쓰거나, 한부모가정인 경우도 많았다. 또 기초가 전혀 없어 공부에 흥미를 느끼지 못하던 아이들은 같이 놀아줄 선배가 있으니 나쁜 환경에 빠지는 경우가 많았다. 뭔가 조치를 취해야 할 상황이었다.

선생님은 그런 학생들을 골라 방과후 교실에 남겼다. 처음에는 영어 단어를 주고 외우게 한 다음 통과하면 집에 보냈다. 선배들과 어울릴 수 있는 시간을 빼앗기 위한 핑계였다. 그러나 단순히 단어 암기만으로는 부족했다. 그렇다고 교과서를 가르치자니 아이들도 지루할 것이고, 선생님도 다른 일을 할 수 없다는 게 마음에 걸렸다. 간단하면서도 스스로 공부할 수 있는 시스템이 필요했다. 그래서 도입한 것이 스토리북이었다.

"그 즈음에 『내 영혼을 위한 닭고기 수프 *Chicken Soup for the Soul*』라는 책을 읽으면서 감명을 많이 받았어요. 아이들에게도 의미 있겠다 싶더라고요."

먼저 학생들의 수준에 맞게 600단어 Beginner 수준의 스토리북(『오페라의 유령』 Level 2)을 해석하게 했다.

"해석을 시킨 이유는 기초가 부족한 학생이 영어를 우리말로 번역하는 과정에서 영어의 특징이나 차이점을 스스로 깨닫게 하기 위해서였어요. 특히 복잡한 설명 없이 주어와 목적어 찾기, 문장들을 접속사로 연결하기, 수동태나 분사, 관계사 등의 개념 잡기에 꽤 효과적이었습니다."

어휘는 정리해서 프린트로 나눠주고 매일 방과후 일정 분량을 해석하게 한 다음 귀가시켰다. 이렇게 몇 달을 했더니 효과가 나타나기 시작했다. 같은 어휘들이 반복되다보니 자연스레 어휘를 익혔고, 한 작가가 쓴 글이라 비슷한 문장들이 반복되다보니 독해 속도가 빨라졌다. 이야기를 알고 있으니 단어에 대한 추측이 가능해지면서 영어에 자신감이 생긴 아이들도 늘어났다. 게다가 스토리가 이어지니 다음 이야기가 궁금한 아이들이 스스로 책을 읽어나 갔다.

처음 시작할 때는 어휘가 생소해서 진도가 더디 나가지만, 어느 정도 읽기 시작하면 이야기의 흐름을 타고 의미가 파악되어 그 재미에 빠질 수 있었던 것이다. 이 과정을 잘 소화해낸 학생은 교과서를 해석하는 능력도 좋아졌다. 특히 언어감각이 있는 학생한테는 상당한 도움이 되었다.

이경찬 선생님은 당시의 경험을 통해 수업에 스토리북을 활용해야겠다는 생각을 하게 됐다. 마침 학교에서 단위학교 교실수업 개선팀의 일원이었던 선생님은 교과서 내용을 편집하고 여기에 스토리북을 더해 중학교 3학년생들의 수업에 활용해보았다.

처음 학생들은 영어책이란 말에 거부감을 보였다. 교과서도 잘 모르는데, 한술 더 떠 영어책을 읽으라니 싫어하는 것은 당연했다. 하지만 방과후 수업의 성과를 경험한 선생님은 포기하지 않았다.

다만 학생들의 영어실력에 편차가 있기 때문에 우선 어휘를 예습해오도록 한 후 수업은 워드퍼즐로 시작했다. True or False(TF) 퀴즈, Why or How 질문, 픽처게임 등은 다른 팀과 경쟁하는 구조라 팀별로 점수가 주어지기 때문에 학생 개인과 개인이 속한 팀 모두가 '윈윈win-win' 하는 결과를 가져왔다.

"모든 팀원이 돌아가면서 발표하기 때문에 적극적으로 참여하지 않으면 불리할 수 있으니 더 열심히 하고, 잘하는 학생은 팀이 잘할 수 있도록 솔선수범하더군요."

이렇게 해석 위주로 먼저 스토리북을 이해한 다음, 관련 내용의 영화 장면을 보여주고 대사를 맞추는 듣기 활동을 했다. 팝송을 같이 따라 부르는 활동도 했다. 학생들은 스토리북, 영화, 팝송 같은 멀티미디어 자료로 지루함을 떨쳐버릴 수 있었고, 학습태도도 점점 좋아졌다. 2008년 선생님은 송곡여자고등학교로 학교를 옮겼다.

"당시 스토리북과 관련해서 'Extensive Reading'(다독多讀)이 이슈였어요. 스토리북으로 수업을 해본 경험이 있으니까 당연히 그 주제가 다가왔죠. 마침 선배 교사가 소개해준 『Extensive Reading in the Second Language Classroom』(Richard R. Day & Julian Bamford, Cambridge University Press, 1988)이란 책을 통해 스토리북을 'Extensive Reading'으로 유도할 수 있는 방향성을 갖게 됐습니다."

당시 학생들은 'Intensive Reading'(정독)에 익숙했고 영어책을 한 권이라도 끝까지 읽어본 학생들은 별로 없었다. 책을 읽어도 교과서 혹은 문제집에 나온 난이도 있는 지문을 사전에 의존해 읽다보니 즐거움을 위한 독서와는 거리가 멀었다. 그래서 선생님은 먼저 스토리북을 학기별로 한두 권 선정했다. 선정의 기준은 레벨, 흥미, 성별, 영화와의 연계성 등이었다.

03

스토리북을 활용한 3단계 다독수업

이경찬 선생님의 스토리북을 통한 다독수업은 매 시간 한 챕터씩 나가는 것을 기본으로 한다. 학생들은 수업 전에 과제로 그날 배울 부분을 읽고 '리딩 다이어리'(독서장)에 오늘의 주제, 'True or False' 영어문제, 새로운 단어 정리와 함께 육하원칙, 즉 When(Time: 언제), Where(Place: 어디서), Who(Characters: 누가), What(Problem: 무엇을), Why(Cause: 왜), How(Solution: 어떻게)에 따라 내용 요약을 해온다.

다음 예시는 학생들이 『오페라의 유령』 7장을 읽고 육하원칙에 따라 요약한 것이다.

When(Time) The morning after the masked ball. that evening

Where(Place) The Opera House

Who(Characters) The Persian, Raoul, Christine

What(Problem) The Persian said about the story of Christine and Rauol. Christine disappeared.

Why(Cause) Suddenly there was no light in the Opera House.

How(Solution) The Policemen looked for Christine. But could not find.

리딩 다이어리를 쓰는 이유는 학생들에게 작문할 기회를 주기 위해서다. 영어를 일상적으로 쓰는 것이 아닌 만큼 최소한 일주일에 한 챕터를 읽고 한 단락 정도 영작을 하도록 만드는 것이다. 본문에 있는 글을 그대로 베껴 요약하는 경우도 있지만 선생님은 그것 또한 학생들의 영작능력을 길러준다고 생각한다. 실제로 1년 후 아이들의 영어실력은 눈에 띄게 달라졌다.

수업은 3단계로 나누어 이루어진다. 1단계는 예습한 것을 확인하고 단어를 검사하는 방법으로 워드퍼즐이 이에 해당한다. 워드퍼즐은 학생들이 꼭 알아야 할 어휘나 사용 빈도가 높은 어휘를 교사가 설명하고 학생이 맞히는 형식이다. 이는 말하기와 듣기능력을 향상시킨다.

2단계는 해석한 문장들의 틀린 부분과 맞은 부분을 스스로 확인해보는 것으로 TF퀴즈가 이에 해당한다. 교사가 해당 챕터의 내용

중에서 10개의 문장을 들려주고, 학생들이 참인지 거짓인지 맞히는 것으로 이루어진다.

'Why or How 질문 만들기'처럼 팀을 구성하여 적극적으로 수업에 참여하도록 유도하기도 한다. 'Why or How 질문 만들기'는 반드시 '왜, 어떻게'에 관한 문제라야 한다. 문제의 수준에 따라서 평가점수에 차등을 두는데 답이 나오지 않는 질문에는 점수가 없다. 학생들이 스스로 혹은 토의를 통해 문제를 만들어야 하고, Why 혹은 How로 이루어져야 한다는 규칙은 학생들에게 좀더 깊이 내용을 생각하게 만든다.

3단계에서는 이해한 내용을 바탕으로 영화를 보거나 이어지는 내용을 추측해보는 활동을 한다. 픽처게임Picture Game 또한 이에 해당한다. 픽처게임은 팀별로 학생들이 해당 챕터의 내용과 일치하는 사진을 원어민 교사에게 설명하면 교사가 설명을 토대로 그림을 그리는 활동이다. 먼저 팀별로 장면 사진을 나눠주고 팀원 각자가 그간 배운 '진행형'을 활용하여 장면에 있는 등장인물의 행동을 표현하도록 한다. 그 다음 각각의 행동에 대한 설명을 준비한다. 팀원이 순서대로 문장을 말하면 교사가 이를 듣고 그린 후 원래 그림과 비교해 유사점이 많을수록 잘 설명한 것이다.

"영어 문장을 준비해서 설명하는 것까지 10~15분 정도로 모자란 듯 시간을 줍니다. 학생들이 사진을 설명할 문장을 적어서 그대로 읽기보다 머리로 생각해 곧바로 표현하도록 유도하는 거죠. 그

래야 독창적이고 즉흥적이면서도 자연스런 말하기가 될 수 있거
든요."

위의 방법이 말하기 훈련이라면 원어민 교사가 장면 사진을 설
명하고 학생들한테 그림을 그리게 하는 듣기 훈련도 한다. 이외에
도 학생들이 읽은 챕터의 내용과 일치하는 영화장면을 보여주고
내용을 파악하도록 하거나 등장인물의 대사를 묻는 활동도 하고
있다.

스토리북을 활용한 다독교육은 학생들에게 영어 듣기, 말하기,
읽기, 쓰기를 두루두루 익히게 해준다. 스토리북을 읽고 리딩 다이
어리를 쓰면서 읽기와 쓰기 능력을 향상시킬 수 있고, 수업을 통해
말하기와 듣기를 보강해주기 때문이다.

04 또 하나의 꿈은
학교의 의미를 되찾아주는 것

이경찬 선생님은 수업 후에 목이 자주 쉴 정도로 열정적으로 수업에 임하는 선생님이었다. 수업이 끝난 후에는 교무실로 돌아와서 열강을 했다며 스스로를 달래곤 했다. '난 최선을 다했어. 받아들이는 것은 애들에게 달린 거지. 그래도 몇 명은 분명 내 수업을 열심히 들었을 거야'라고 자기최면을 걸었다. 물론 늘 열심히 하는 학생들도 있지만 그야말로 소수였고, 그런 아이들은 다른 수업에도 열심히 할 터였다. 고민이 이어졌다.

"어떻게 하면 학생들이 수업에 적극적으로 참여할 수 있을지 고민했습니다. 주변에서 쉽게 접할 수 있고 활용할 수 있는 영어를 맛봐야 도움이 될 것 같았죠. 가장 중요한 것은 학생들이 직접 참여해 결과를 만들어내는 과정이 있어야 학생들 스스로 재미를 느끼고 보람을 얻는다는 것이었습니다. '들은 것은 잊어버리고, 본 것은 기억만 되나, 직접 해본 것은 이해된다'는 공자의 말씀이 있습니다. 다양한 방법을 적용하고 그중 실제적인 것을 활용하여 수업에 접목시키고, 그 결과 학생들이 발전하는 모습을 보면, 교사는 꾸준한 연구에 대한 열정과 힘을 얻습니다. 물론 저도 그렇고요."

영어수업에 학생들이 적극적으로 참여하며 변화하는 모습을 보면서 이경찬 선생님은 또 하나의 꿈을 꾸게 되었다. 학생들에게 학교의 의미를 되찾아주는 교사가 되고 싶다는 것이다. 수업을 바꿔서 학생들에게 변화를 주었듯, 이 또한 가능할 것이라고 생각한다.

"너 학교 왜 다녀?"

"친구 만나려고요."

"그것 말고 다른 이유 없어?"

"점심 먹으려고요."

이는 그가 직접 어느 학생과 나누었던 대화다. 선생님은 그 이상의 대화는 서로에게 상처가 될 것 같아 그만두었다고 한다. 요즘 학생들이 학교에 대해 갖는 생각이란 게 이렇다. 학교의 개념이 바뀌고 있는 것이다. 그래서 이제는 이렇게 생각한다. 친구 만나러 학교 오는 것이 즐거우면 그것만으로도 좋다. 다만 욕심을 조금 보탠다. 즐거울 수 있다면 수업도 어떻게든 바꿔보자고.

수업을 하는데 바닥이 지저분했다. 쉬는 시간이 될 때쯤 선생님이 빗자루를 들고 바닥을 청소하는데 아무도 거들지 않았다. 얘기를 안 하면 무반응인 아이들. 기본적인 생활태도조차 훈련이 안 되어 있었다. 집에서도 그럴 것이다. 엄마가 청소를 해도 가만히 앉아 텔레비전을 보거나 딴청을 부리거나 인터넷을 하거나. 부모도 별말을 하지 않을 것이다. 학교, 학원, 과외에 시달려 온전한 자기 시간조차 없는 아이들에게 그나마 쉴 기회를 준다고 여기기 때문이다.

"앞의 경우를 보면 공통점이 발견돼요. 현재의 중고등학생은 과거와 정말 달라졌다는 것입니다. 학교에 공부를 전적으로 기대하지도 않고, 선생님을 예로써 대하지도 않고, 타인을 배려하는 마음도 없는, 말 그대로 철부지 초등학생의 모습이랄까. 이런 상황이기에 오히려 학교의 역할이 필요하다고 저는 생각합니다. 학생들은 잘 모르거든요. 사회생활을 하는 기본태도를 길러주고 인내와 자기성찰을 하도록 해주는 것이 학교와 교사의 역할 아닐까요?"

1. 관심 있는 분야를 원서로 읽어보자

영어를 공부로 생각하면 부담스럽고 힘들다. 공부를 한다는 느낌이 들지 않도록 관심 있는 분야를 영어로 접하는 것부터 시작하자. 소설을 좋아한다면 값도 싸고 쉽게 구할 수 있는 페이퍼백^{Paperback}을 사서 편하게 읽는 것도 좋다. 페이퍼백은 대중 보급용으로 만든 문고판 도서로 대중의 입맛에 맞게 만들어져 읽는 재미와 빠르게 책장을 넘기는 속도감이 있다. 요즘 청소년들이 관심을 갖는 베스트셀러도 대부분 나와 있다. 문체가 그리 어렵지 않아 영어에 자신있는 고등학생이라면 쉽게 읽을 수 있다.

잘하는 사람은 좋아하는 사람을 이길 수 없고, 좋아하는 사람은 즐기는 사람을 이길 수 없다고 한다. 물론 전제조건은 자신의 실력에 맞는 내용을 택해야 한다는 것이다.

2. 영화 한 편 완전정복하기

영어를 공부하는 이들에게 귀가 트이는 것은 가장 원하지만 가장 넘기 어려운 장애물이다. 나 또한 대학시절 AFKN 청취반을 6개월 동안 다니면서 CNN 뉴스와 영화를 반복 청취했고, 데일리잉글리시닷컴^{www.dailyenglish.com}에 가서 무료로 AP통신 파일과 원고를 다운받아 혼자 훈련했다. 자막 없이 영화를 보고 줄거리 및 주요 내용과 내가 이해한 것이 맞는지 다시 확인하기도 했다.

대학에 다닐 때 유난히 외국 영화의 대화 내용을 잘 알아 듣는 친구가 있었다. 받아쓰기를 하면 이 친구가 제일 우수했다. 그 친구에게 비결을 물었더니,〈잉글리시 페이션트)란 영화를 좋아해 수십 번 반복해서 보았더니 대사를 다 외우게 되더란 것이다. 사람에 따라 다르기는 하지만, 일정 기간 한 가지에 집중하면 습득하게 되는 것들이 있다.

3. 혼잣말하기

주변에서 영어를 할 때 몇 마디 들어보면 '영어를 잘하겠다'고 여겨지는 이들이 있다. 발음도 좋고 리듬감이 있어서 듣기 편하기 때문이다. 반면에 발음과 리듬감은 그에 미치지 못하나 논리와 자료 제시로 설득력을 발휘하는 이들도 있다. 대부분의 사람들은 전자를 영어 잘하는 사람으로 생각하지만, 대화를 해보면 지식과 자기 논리가 부족해 더이상 대화가 진전되지 못하거나 상대방의 말을 설득력 있게 받아치지 못하는 경우를 보게 된다.

미국의 국무장관이었던 헨리 키신저는 독일 이민자 출신이라 독일 악센트가 강해 우리가 생각하는 '영어 잘하는 사람'은 아니었다. 하지만 그와 대화를 하면 그의 지식과 논리에 설득당하는 사람들이 많아, 미국인들은 그가 영어를 정말 잘한다고 여겼다. 미국과 냉전중인 중공(지금의 중국)을 설득해 평화를 이끌어냈다 하여 '키신저 효과'The Kissinger Effect라는 말도 생겼다.

학교 다닐 때 발음이 원어민 수준에 배경지식이 풍부해 원어민과 오랫동안 대화가 가능한 친구가 있었다. 그 친구에게 비결을 물었더니 잠시 머뭇거리다 이렇게 말했다.

"화장실에서 혼자 영어로 말하는 버릇이 있어. 화장실에서 말하면 소리가 울려서 내가 말하는 게 잘 들리더라고. 그렇게 발음 체크도 하고, 사람들이 앞에 있다고 생각하고 주제를 정해 얘기하기도 하고."

개인적으로 나는 이 방법이 효과가 있다고 믿는다. 자신의 생각을 정리해서 말하는 훈련은 주제와 관련해서 논리적으로 생각하는 힘을 길러주기에, 기억에 오래 남기 때문이다.

행운의 선물처럼 다가온 즐거운 영어

김진영 (국민대학교 국어국문학과 2학년)

이경찬 선생님을 떠올리면 '열정'이란 단어가 생각난다. 가정형편이 좋지 않은 내게 사교육은 남의 나라 이야기였다. 중학교 입학했을 당시 나는 'first'와 'second' 조차 구분할 줄 모르는 아이였다. 혼자 영어공부를 해보려고 해도 도와줄 사람이 없었기 때문에 아예 영어는 포기하고 있었다. 내게 영어는 그저 재미없고 어려운 과목이었다.

영어에 대한 자신감을 준 스토리북

이경찬 선생님은 이런 내가 영어에 재미를 느낄 수 있도록 해주셨다. 스토리북을 활용한 수업은 독해와 문법수업뿐이 아니었다. 스토리북과 관련된 영화를 자막 없이 보면서 대화를 듣고 스크립트를 완성하게 하셨다. 자연스럽게 듣기와 쓰기가 가능해졌다.

처음엔 교과서로 수업을 하지 않는 선생님이 이상했다. 하지만 스토리북을 한 줄 한 줄 읽으면서 한 권의 책을 공부하는 기쁨도 느낄 수 있었고, 책의 결말이 궁금해서 더 열심히 수업에 참여하게 되었다. 영어로 된 소설을 접할 기회가 거의 없는 학생들에게 스토리북을 통한 영미소설읽기는 굉장히 좋은 경험이 되었다.

영화보고 팝송 들으며 스크립트 따라 쓰기

선생님과 함께 하던 수업이 재미있어서 나 혼자 자막 없이 외국 영화를 보거나 팝송을 들으며 스크립트를 써나가기도 했다. 덕분에 영어듣기는 따로 공부를 하지 않아도 될 정도가 되었고, 영어로 말하는 것에도 어려움을 느끼지 않게 되었다. 영어문장의 구조에 익숙해지니 문법에 얽매이지 않고 자연스럽게 글을 읽고 머릿속에 정리하는 것도 가능해졌다.

선생님과 수업을 하면서 나는 수업 외에는 따로 영어공부를 위한 시간을 갖지 않았다. 선생님이 내주신 단어암기 숙제를 바탕으로 열심히 스토리북을 읽는 것에만 집중했다. 그렇게 3년의 시간이 흘렀다. 좋아하는 공부를 하다보니 자연스럽게 영어성적도 올랐고 영어실력도 쑥쑥 자랐다. 영어가 부담감이 아닌 자신감의 키워드가 되었다는 것이 나 스스로도 놀랍고 신기하다.

집중과 논리, 수학은 게임이다

하영철 선생님
부산 사직중학교 수학교사

01 이해와 계산은 수학의 양대 축이다

"아침에 눈을 뜨는 순간부터 우리도 모르는 사이 머릿속에서는 방정식과 부등식이 전개됩니다. 세수하고 식사하고 등교 준비를 하는 데 걸리는 시간을 계산하는 것이지요. 각각의 일에 할당되는 시간의 합이 학교에 도착하기까지 걸리는 시간의 합보다 작거나 같아야 지각을 면합니다. 또한 교복을 입을 때도 무의식적으로 함수의 대응개념을 적용합니다. 단추를 잘못 꿰면 단정하게 보이지 않기 때문이지요.

그 다음에는 확률과 통계가 작동합니다. 학교까지 가는 경우의 수를 헤아려보고, 어느 길로 가면 빠른지 통계를 내는 것입니다. 물론 이 통계 속엔 기하의 개념이 내포되어 있습니다. 둘러 가는 것보다 질러가는 것이 훨씬 빠르다는, 삼각형의 두 변의 길이의 합이 나머지 한 변보다 길다는 사실에 근거하는 것이지요.

기상에서 등교까지 대수, 해석, 기하의 개념이 골고루 함축되어 있다는 것은 의미심장한 일입니다. 우리는 일생 동안 끊임없이 문제에 직면하고 또 선택의 기로에 서게 됩니다. 삶의 문제란 어려운 수학문제와 다를 바 없고, 선택은 정답을 고르는 것과 유사하지요."

부산 사직중학교에서 수학을 가르치는 하영철 선생님은 우리의 삶이 수학과 얼마나 밀접한지 상기시킨다. 수학은 성적 관리나 입시 준비에서 가장 중요한 과목이자 학생들이 가장 부담스러워하는 과목 가운데 하나지만 수학을 통해 습득할 수 있는 논리성과 체계성은 합리적 문제 해결의 실마리를 제공한다. 최선의 판단을 내려야 하는 상황에서 빛을 발하는 것이다.

하영철 선생님은 개념을 이해하고 문제의 해법을 알면 학년과 상관없이 속진학습이 가능한 과목이 수학이라고 생각한다. 그러나 현재의 교육과정은 지적 욕구가 왕성한 상위 그룹의 중학생들에게는 충분한 학습 동기를 부여하지 못하고, 수학공부의 방법을 모르거나 도전정신이 부족한 학생들에게는 자기주도적인 학습습관이 들도록 기다려주지 않는다. 그래서 선생님이 택한 방법은 수학반 동아리 운영이었다. 24년 전의 일이다.

선생님은 3학년을 중심으로 수학반을 편성했다. 철저하게 희망자 중심으로 구성된 수학반은 기초과정 6개월, 심화과정 3개월, 정예과정 3개월로 운영된다. 동아리 형태인 만큼 정규수업 이후에 일주일에 두 차례 서너 시간씩 강의를 한다. 방학 때는 집중수업을 한다.

"수학반의 수업은 개념과 이해 중심으로 진행되었기 때문에, 시간이 흐르면서 사교육을 받던 학생들이 스스로 학원을 그만두게 되었어요. 기초반에서는 선행학습을 한 학생들이 두각을 나타내지만, 심화반을 거쳐 정예반에 이를수록 스스로 공부하는 학생들이 늘어납니다. 듣고 따라하는 '수동적인' 학습에서 직접 해보는 '능동적인' 학습으로 바뀐 학생들의 학습태도는 다른 과목으로도 연결되었습니다."

수학반은 기존의 교재를 사용하지 않고 중학교 수학 전 과정을 정의와 개념 중심으로 재편성해서 기초에서 심화에 이르기까지 교재를 만들어 지도한다. 단순 계산 능력과 고등 사고력을 동시에 판단할 수 있는 문제의 평가 결과를 바탕으로 반을 나눈 후, 심화반에서는 고1 수학은 물론 고2, 고3 수학도 함께 공부한다. 선행학습이라는 것이 모든 학생에게 적용하기는 무리가 있지만, 지적 욕구가 왕성하고 개념을 이미 이해한 학생들에게는 가능하고 필요하다는 것이 선생님의 판단이다.

수학과 산수로 구분되는 이해와 계산은 수학의 양대 축이다. 계산 없는 이해는 불완전할 뿐이고 이해 없는 계산은 무의미하다. 따라서 이해와 계산의 조화는 수학실력 향상의 중요한 관건이다. 하영철 선생님이 정규수업이나 수학반 수업에서 게임수업을 하게 된 이유가 여기에 있다.

"속도감을 부여하고자 계획된 것이 리그와 토너먼트로 진행되는 게임수업입니다. 수업을 통해 쌓은 수학실력에 속도를 더하는 작업은 필수적이지요. 종종 한 문제로 승패가 가려지는 수학에서 속도와 정확성을 동시에 추구하는 것은 필요한 일이기도 합니다."

02 수학을 게임처럼 즐겨라! 집중력 高! 高! 高!

하영철 선생님의 게임수업은 수학을 즐기면서 집중력을 높여주는 특징이 있다. 이른바 "수학도 게임처럼 즐겨라! 집중력 高! 高! 高!"가 그것이다. 두 명씩 모여 함께 고민하고 경쟁적으로 같은 문제를 해결하는 동안 묘한 긴장감까지 감돈다.

"처음부터 집중력이 떨어지는 학생은 없습니다. 학생들의 특성에 맞춰 몰입할 수 있는 상황을 만들어주면 집중력은 자연히 높아지게 마련이지요. 그래서 수업시간에 수학 경기를 펼칩니다. 성적이 우수한 학생이 멘토가 되어 부족한 학생의 학습을 도와주는 '멘토-멘티 페어전', 두 명의 학생이 같은 문제로 겨루는 '토너먼트전' 그리고 단체가 경쟁하는 '조별 대항전'이 그것입니다. 게임을 좋아하는 청소년기 학생들의 입맛에 맞춘 수업이지요. 학생들의

경쟁심을 부추기면서 집중력을 배가시키고 각 개인의 기량까지 향상되는 장점이 있습니다."

게임수업의 목적은 뭐니 뭐니 해도 실전 감각을 키우는 것이다. 수험 상황처럼 긴장감을 조성해 신속성과 정확성을 높여주고, 이를 바탕으로 자신감을 향상시켜 문제 해결 능력을 키우는 것이다. 게임수업중 멘토-멘티 페어전은 토너먼트로 진행된다. 평소 수업 시간에 적극적인 학생이나 동료 들의 추천을 받은 학생이 멘토로 선정되고, 멘티가 멘토를 선택하여 짝을 이룬다. 기초가 부족한 학생들에게는 뛰어난 교사보다 또래간에 자기 언어로 가르칠 때 더 효과적이라는 게 오랜 경험에서 얻은 교훈이다.

멘토-멘티 페어전에서는 게임 준비는 함께하지만 경기는 멘티끼리 벌인다. 멘티 두 명은 같은 문제를 푸는 것으로 대결을 펼치는데, 두 명 모두 정답을 내면 속도가 빠른 쪽이 승리하고, 두 명 모두 틀리면 재대결을 한다. 다시 문제를 풀지 못하면 1회에 한해 멘토의 간접지도를 받을 수 있다. 이때 비슷한 문제를 출제하여 멘티에게 가르쳐주는 것은 허용하나, 해당 문제를 직접 풀어준다든지 구두로 풀이방법을 전달해서는 안 된다. 멘티간의 대결에 멘토는 심판이나 도우미 역할을 수행한다. 협력학습의 효율을 높이는 데 멘토-멘티 페어전의 목적이 있다.

토너먼트전은 개인전이다. 멘토 선정방법은 같고, 멘티의 비율만 멘토의 두 배로 한다. 실력에 따라 멘토 경기와 멘티 경기로 나누어 실시하는데, 멘티 경기를 먼저 치르고 멘토 경기를 한 뒤에 결승전은 함께 실시한다. 제한된 시간에 속도와 역량을 동시에 측정하고, 두 명이 같은 문제로 풀이 대결을 펼친다. 두 명 모두 정답일 때는 속도가 빠른 쪽이 승리하고, 두 명 모두 틀리거나 문제를 풀지 못하면 1회에 한해 새로운 문제로 재경기를 한다. 토너먼트전은 각 개인의 기량 향상이 목적이다.

게임수업이 진행될수록 학생들은 긴장감을 즐기며 문제를 푼다. 조별 대항전은 3개 조로 편성하여 리그전을 펼친 후 상위 1, 2위 팀이 결승전을 치르는 방식으로 진행된다. 각 조는 두 명의 멘토와 네 명의 멘티로 구성되는데, 멘토는 자발적 지원과 동료들의 추천으로 선정하고 멘티도 언제든 멘토가 될 수 있다. 역시 제한된 시간에 속도와 역량을 동시에 측정한다. 승자는 두 팀 중 정답자 수가 많은 쪽으로 하되, 가장 늦게 답안을 제출하는 학생이 있는 조에 감점을 부여함으로써 형평성을 유지한다.

경기는 한 문제로 겨루고, 최하위 수준의 학생이 문제 해결의 실마리를 못 찾을 경우 1회에 한해 멘토가 도움을 줄 수 있다. 다른 게임과 마찬가지로 비슷한 문제를 하나 출제하여 가르쳐주는 것은 허용하나, 해당 문제를 직접 풀어주거나 구두로 풀이방법을 설명해서는 안 된다. 조별 대항전은 상위권과 하위권의 실력 차이를 줄이는 데 그 목적이 있다.

"한 번의 시합으로 수업이 끝나는 게 아닙니다. 토너먼트 방식으로 유도를 해서, 학생들의 경쟁의식도 높이고 실수를 만회할 기회도 주지요. 이렇게 경쟁을 시키면 한 문제로 끝나는 게 아니고, 한 시간에 서너 번 정도 시합을 할 수 있게 되지요."

03 수학문제 완전정복의 길, '표두모찾!'

하영철 선생님이 학생들의 귀에 딱지가 앉을 정도로 반복하는 주문이 있다. 이른바 '표두모찾!'이 그것이다. '아는 것을 표시하라! 필요한 것을 두어라! 한쪽으로 모아라! 숨은 그림을 찾아라!'의 준말이다.

"'표두모찾!'만 제대로 적용하면 신기하게도 문제들이 다 풀립니다. 제가 24년 동안 교단에서 수학을 지도하면서 추출해낸 풀이 방식이지요. 학생들도 제가 이 얘기를 하면 처음에는 긴가민가하지만 막상 해보면 문제가 잘 풀린다는 사실을 알고 신기해합니다. 실제로 이 방식을 적용한 이후 문제를 이해하는 학생 비율이 30퍼센트에서 60퍼센트 정도로 늘었습니다."

수업이 진행되는 동안 학생들이 차례로 나와 '표두모찾!' 방식에

〈표두모찾〉의 사례

【문제1】그림에서 □ABCD는 정사각형이고 △EBC는 정삼각형이다. ∠AEB의 크기를 구하시오

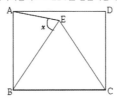

【풀이】사각형ABCD가 정사각형이다. 삼각형EBC가 정삼각형이다'라는 것을 문제지에 '표시'하는 것만으로 x값을 쉽게 구할 수 있다.

□ABCD가 정사각형이므로 ∠B=90° ··· ①
△EBC가 정삼각형이므로 ∠EBC=60°··· ②
①,②에서 ∠ABE=∠B-∠EBC=90°-60°=30°
또, □ABCD가 정사각형이므로 $\overline{AB}=\overline{BC}$ ··· ③
△EBC가 정삼각형이므로 $\overline{BC}=\overline{BE}$ ··· ④
③,④에서 $\overline{AB}=\overline{BE}$
따라서 △BAE는 이등변삼각형이 된다.
한편, △BAE의 내각의 합이 180°이고, ∠AEB=∠EAB=x이므로
∠AEB+∠EAB+∠ABE=180°에서 x+x+30°=180° 그러므로 x=75°

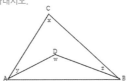

【문제2】그림에서 D는 △ABC 내부의 한 점이다. ∠CAD=y, ∠CBD=z, ∠ADB=w라 할 때
∠ACB=x를 y, z, w를 써서 나타내시오.

【풀이】이 문제는 두 개의 각을 '두기'만 하여도 문제풀이가 훨씬 수월해진다. 이 각을 a, b로 하자.

∠DAB=a, ∠DBA=b라 두면,
△ABC에서 ∠x+∠y+∠z+∠a+∠b=180° ...①
△DAB에서 ∠w+∠a+∠b=180° ... ②
①,②에서 ∠x+∠y+∠z+∠a+∠b=180°=∠w+∠a+∠b
정리하면 ∠x+∠y+∠z=∠w 그러므로 ∠x=∠w-∠y-∠z

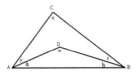

【문제3】 그림과 같이 $\overline{AB}=6cm$, $\overline{AD}=10cm$인 직사각형 모양의 종이를 점 D가 $\overline{BC}$ 위에 오도록 접 었을 때, $\overline{EF}$의 길이는?

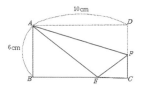

【풀이】 주어진 조건들을 △ECF에 '모아서' 피타고라스 정리를 적용하면 $\overline{EF}$의 길이를 쉽게 구할 수 있다.

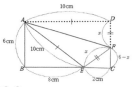

구하고자 하는 $\overline{EF}$의 길이를 $\overline{EF}=x$라 한다. 점 D가 $\overline{BC}$ 위에 오도록 접었기 때문에 $\overline{AD}=\overline{AE}=10cm$.... ①, $\overline{DF}=\overline{EF}=x$ ... ② △ABE가 직각삼각형이고 , $\overline{AB}=6cm$, $\overline{AE}=10cm$이므로 피타고라스 정리에 의해 $\overline{BE}=8cm$가 된다. 따라서 $\overline{EC}=\overline{BC}-\overline{BE}=10cm-8cm=2cm$ ...③ 한편 △ECF에서 $\overline{CF}=\overline{DC}-\overline{DF}=6cm-x$..④이고 피타고라스 정리와 ③, ④ 로부터 $\overline{EC}^2+\overline{CF}^2=\overline{EF}^2$ ∴ $2^2+(6-x)^2=x^2$ ∴ $4+36-12x+x^2=x^2$ ∴ $4+36-12x=0$ ∴ $40-12x=0$ ∴ $x=\dfrac{40}{12}=\dfrac{10}{3}$

【문제4】 선분 $\overline{AC}$와 선분 $\overline{CE}$는 수직이다. 선분 $\overline{CE}$와 선분 $\overline{AC}$의 중점을 각각 D,B라 하고, $\overline{AD}$와 $\overline{EB}$ 의 교점을 F라고 하자. $\overline{BC}=\overline{CD}=15$일 때, △DEF의 넓이를 구하라.

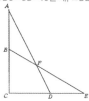

【풀이】 점 A와 E를 이으면 숨겨진 삼각형 ACE를 '찾을' 수 있으며, 점 F가 무게중심이 되어 △DEF의 넓이 를 손쉽게 구할 수 있다.

D,B가 각각 $\overline{CE}$와 $\overline{AC}$의 중점이므로 $\overline{CD}=\overline{DE}$이고, $\overline{AB}=\overline{BC}$ ... ① 또, $\overline{BC}=\overline{CD}=15$ ... ② 따라서 ①, ②로부터 $\overline{AC}=\overline{AB}+\overline{BC}=30$이고 $\overline{CE}=\overline{CD}+\overline{DE}=30$이다. 한편 $\overline{AC}$와 $\overline{CE}$가 수직이므로 △ACE의 넓이는 다음과 같다. $\triangle ACE=\dfrac{1}{2}\times\overline{CE}\times\overline{AC}=\dfrac{1}{2}\times30\times30=450$, 또 무게중심의 성질에 의해 $\triangle DEF=\dfrac{1}{6}\triangle ACE$ 이므로 $\triangle DEF=\dfrac{1}{6}\triangle ACE=\dfrac{1}{6}\times450=75$

맞춰 문제풀이를 설명한다.

풀이방법을 설명하는 동안 학생들은 반복학습을 하게 되고, 자기 주도적 학습법을 익히게 된다. 배웠던 것을 '표시하고', 구하고자 하는 것과 필요한 것을 '두고', 조건이 많은 쪽으로 '모아' 숨겨진 것이나 숨은 그림을 '찾는' 것은 기하문제를 푸는 기본이라는 것을 알게 되는 것이다. 도형문제 해결 과정은 숨은그림찾기라고 할 수 있다. 여러 개의 선과 각이 복잡하게 표시된 도형 속에서 문제가 요구하는 특별한 도형을 찾아내는 것은 숨은그림찾기와 유사하기 때문이다.

하영철 선생님은 문제를 풀이하는 방법은 여러 가지가 나와 있고, 지금까지 많은 수학자들이 개발해냈지만 24년간 학생들을 지도하면서 그들의 언어에 맞게 만든 기본모델이 바로 '표두모찾!'이었다고 말한다.

중학교 과정에서 쉬운 문제는 '(아는 것을) 표시하라, (필요한 것을) 두어라' 단계면 풀린다. 심화문제나 기출문제도 특정한 문제 몇 개를 빼고는 다 '표두모찾!'을 사용하면 해결된다. 고난이도의 문제는 '표두모찾!'을 해도 안 풀릴 수 있지만 이런 문제들은 몇 가지 조건이 더 부가되었을 뿐이다.

학생들은 평범해 보이는 선생님의 원리가 처음에는 별것 아니라고 생각했지만 조건이 많거나 어려운 문제일 경우 실제로 적용해 보니까 훨씬 더 쉽게 답에 접근할 수 있었다. 수학이 논리이듯, 논리적으로 문제를 접근해서 푸는 하영철 선생님의 방법이 맞았던 것이다.

04

24년 역사의 수학반, '함께'하는 자기주도학습의 힘

하영철 선생님은 1987년 9월 1일 연산중학교 수학교사로 첫 부임했다. 군대를 제대한 직후였는데, 부임하자마자 수학경시대회 문제를 출제하게 되었다. 그런데 학생들 사이에 작은 이변이 생겼다. 평소 전교 1등을 하던 3학년 학생의 성적이 경시대회 1등인 학생보다 무려 30점이나 뒤진 것이다.

당연히 전교 1등 학생은 충격을 받았고, 고등학교 진학까지 걱정하게 되었다. 수학경시대회 성적에 자극을 받은 학생은 한두 명이 아니었다. 그들이 하영철 선생님을 찾아왔다.

"선생님, 어떻게 하면 수학을 잘할 수 있을까요?"

그때나 지금이나 성적이 좀 뒤쳐진다 싶으면 과외를 하거나 학원으로 찾아가는 아이들이 대부분이었다. 그러나 선생님을 찾아온 아이들은 학원에서 별다른 발전을 이루지 못한 학생들이었다. 갓 전역한 새내기 교사의 열정과 젊은 패기로 넘치던 그는 학생들을 제대로 한번 가르쳐보고 싶은 의욕이 생겼다.

"선생님하고 그 문제를 진지하게 고민해볼까?"

하영철 선생님의 가르치려는 열정과 수학에 대해 고민하는 학생들의 배우려는 의욕이 교감을 한 셈이다. 소문을 듣고 모인 학생들의 숫자도 많았지만 무엇보다 장소가 문제였다. 일단 수업이 끝난 뒤 학교 숙직실에서 만났다. 처음 출발할 때는 제법 많던 학생들이 며칠 지나지 않아 중도 포기하며 20여 명으로 압축되었다. 그들은 스스로 수업체계를 잡아가면서 열의를 보였다. 그렇게 수학반 동아리 1기가 시작되었고, 2011년 24기가 배출되었다.

"처음에는 3학년을 중심으로 구성되었는데, 지원하는 학생들이 다양해지면서 모둠별 수업을 하는 지금의 형태가 되었어요. 공부를 하는 장소도 숙직실에서만 할 수는 없으니까 나중에는 제 집에 모이게 되었지요. 주말이면 집이 아이들로 와글거렸고, 6개월쯤 지나니까 학생들 숫자가 일정해지더라구요.

어느 날 수학반 1, 2기생들이 고등학교에 진학하면서 또다른 어려움을 얘기하더군요. 고등수학은 중학생 때와는 달랐던 거죠. 졸업생들이 그런 문제로 저를 찾아오면서 그들로 구성된 수학반이 교외에 생기게 되었어요. 게다가 개인적으로도 가까워지면서 학생들이 학교생활은 물론 진로와 인성문제까지, 고민을 털어놓기

시작했지요."

처음부터 수강료는 생각하지도 않았다. 교재를 만드는 일이나 수업 진행에 필요한 경비는 하영철 선생님의 주머니에서 나올 수밖에 없었다. 몇몇 교사들은 학교에 재정 지원을 요청해보라는 말도 했다.

"자칫 불법과외라는 오해를 받을 소지도 있었지만, 처음부터 순수한 열정으로 시작한 일이었고, 예나 지금이나 학생들을 공개모집하지도 않았어요. 수학반에서 공부한 선배들이 후배들한테 홍보를 하고, 취지에 공감하고 동참하는 학생들로 구성되고 운영되었거든요. 지금까지 그래요. 다른 선생님들이 눈에 보이지 않는 성원을 보내주셨고, 많은 격려로 힘을 북돋아주었지요. 거기에 학생들의 의지가 있으니 충분했습니다."

정규 교과과정이나 수학반 수업에 적극 도입하고 있는 멘토링 시스템과 게임수업도, 이처럼 집으로 찾아오는 학생들과 함께 공부를 하면서 자연스럽게 기획된 수업 방식이다. 단순히 수학문제를 잘 풀도록 가르쳐서 성적을 올려주는 수업이 아닌, 건강한 경쟁심을 이끌어내는 수업이 되도록 유도한 것이다.

하영철 선생님은 문제 해결 능력이 부족해서 고민하고, 계산능력이 부족해서 지닌 역량만큼 성과를 올리지 못하거나, 시험 때마다 주눅이 들거나 성적 때문에 힘들어하는 학생들을 보면 한결같이 안타까운 마음이 든다.

그런 학생들에게 진정으로 필요한 것은 질책이 아니라 그 고뇌와 분노를 표출할 방법을 마련해주는 것이며, 목표를 의식하되 그에 속박되지 않는 지혜를 길러주는 것이라고 생각한다. 그리하여 분야별, 과정별, 시점별로 학생들에게 소감문을 작성하게 한다. 학생들은 소감문을 쓰면서 차츰 자신을 객관적인 시각으로 바라볼 수 있게 된다. 또 공개를 원한 다른 친구들의 소감문이나 성공한 선배들이 같은 시점에 쓴 소감문을 접하면서, 자신의 고민이 혼자만의 것이 아님을 인식하면서 성장해나간다.

"교사로서 제가 할 일은, 그러한 과정을 통해 학생들의 마음이 어느 정도 안정되면 스스로 공부하는 법을 체득하게 도와주는 것입니다. 그 힘이 상급학교까지 미치도록 배려해야지요. 교사의 길에 들어선 이상 학생들을 위한 사랑과 열정은 결코 포기할 수 없습니다."

하영철 선생님은 학생들이 가장 어려워하는 수학을 좌절하지 않고 의욕적으로 스스로 학습하도록 한다. 그 중심에는 학생들의 협동심, 친밀감, 경쟁심을 함께 이끌어내는 멘토링 시스템과 오랜 전통의 수학반 동아리가 있다.

수학반의 역사가 오래되어 우수한 인재들이 지속적으로 배출되고 있으니 그 학생들을 멘토로 활용하는 것이다. 수학반에서 공부한 700여 명의 제자 중 현재 70여 명이 멘토링에 참여하고 있다. 교사, 사법고시 및 행정고시 합격자, 대학생 등 직업도 다양하다. 2011학년도에는 한국과학영재학교 합격자 두 명을 배출하기도 했다.

하영철 선생님이 멘토링 시스템을 수학반에 적용한 것은 강제적인 자기주도학습이 학생들에게 또다른 압박일 수 있다는 생각에서였다. 자기주도학습이라는 것이 학습방법을 찾은 학생들에게나 적합한 것일 뿐, 한 번도 스스로 공부해보지 않은 학생들에게는 이제 사교육도 못하게 하는구나, 혼자 죽어라 해야 하는구나 하는 두려움과 걱정만을 안겨주기 때문이다. 시작은 이런 학생들이 두려움을 없애고 될 수 있는 한 좋은 방법을 찾도록 도와주는 것이었다.

"개인별 학습속도에 맞춰서 선후배를 통한 멘토학습과 친구들과 함께하는 협력학습으로 진행합니다. 수학반 멘토링 시스템은 학생들은 물론 학부모들에게도 신망이 높습니다. 예컨대 수학반 출신 대학생과 사회인의 강연, 학생들의 소감문 작성을 통한 자기성찰, 선배들과 이메일을 통한 수시상담, 수업 시작 전에 듣는 선배들의 체험담 낭독, 사제가 함께하는 모임과 방학 캠프 등이 그것입니다."

하영철 선생님이 운영하는 수학반 동아리는 고등학교에 진학해서도 계속되는 저력을 갖고 있다. 2001년부터 수학반 멘토 출신들

이 주도적으로 동아리를 구성해서 주말마다 모여 수학공부를 함께 해오고 있다. 서로 다른 고등학교에 다니면서도 '함께' 모여 자기주도학습을 하고 있는 것이다. 사실 자기주도학습의 가장 큰 견인은 '함께'한다는 데 있다. 나뿐만 아니라 다른 친구들과 같이 해나가면 그 자체로 효과가 배가된다. 게다가 학습의 가장 큰 효과가 배운 것을 누군가에게 가르치는 데 있다고 한다면, 학생들 서로가 멘토이자 멘티인 함께하는 자기주도학습이야말로 가장 긍정적이고 효과적인 학습법이 될 것이다.

1년 동안 진행되는 수학반은 구성원의 실력을 기준으로 기초반에서 고교과정까지 편차가 다양하다. 자리 배치도 모둠 형태로 구성된다. 학생들 스스로 여러 단계를 걸쳐 문제를 풀게 한 뒤 최종 개념을 정리해주는 방식으로 수업은 진행된다.

문제를 풀면서 학생들의 자리 이동이 시작되는데, 풀지 못한 학생들은 맨 앞 기초반 테이블로 옮겨오고, 교사에게 힌트를 받거나 별도의 지도를 받는다. 또한 학생들 스스로가 멘토와 멘티가 되어 다른 친구의 방법을 공유하는 방식도 취해본다. 학생들 스스로 해답을 찾아가는 것이다.

"아이들과 한번 멋지게 학교생활을 해봐야겠다는 생각으로 출발했지요. 이제 학생들이 공부하는 방법을 서로에게 조언해주고 함께 견인하면서 꾸려나가다보니 저는 가끔 팁 정도만 제공합니다. 그 정도만 해줘도 충분히 목적을 달성하고 있거든요."

사회에 진출해 저마다의 분야에서 성공적인 길을 걷는 선배들의 강의도 학생들에게 많은 도움이 된다. 역사가 24년이다보니 대학생부터 각 분야에서 주도적인 지위에 있는 이들에 이르기까지 그 범주도 다양하다. 선배들은 수학반에 찾아와 다양한 경험담과 사회생활에서 느낀 점 등을 들려주면서, 후배들을 때로는 자극하고 때로는 격려한다. 선배들의 강연이 끝나면 학생들과 자유로운 대화시간도 갖는다. 학생들은 선배들을 보면서 자신도 훗날 그 자리에 서서 후배를 격려하고 힘을 실어주는 멘토가 되겠다고 마음먹는다. 선생님의 집 서재에는 수학반의 역사가 고스란히 간직되어 있다.

　"1987년 9월 1일, 교사로 첫 부임한 이래 24년 동안 수학반을 거쳐간 제자만 700여 명입니다. 첫해의 경시대회 문제, 시험지, 자필편지, 사진 등 그들의 학창시절을 엿볼 수 있는 자료부터 그동안 수학반에서 이루어진 삶의 기록들이 이곳에 있지요. 이 재산의 주인은 제자들이고 저는 관리인입니다. 훗날 정년퇴임할 때쯤 개개인에게 돌려줄 계획입니다. 제자들이 학창시절의 흔적을 자기 자녀들에게 보여주는 모습을 상상하는 것만으로도 흐뭇해요. '아버지가 중학교 때 풀었던 수학문제란다. 아버지는 중학교 때 이런 꿈을 갖고 살았더란다.' 가족이 모여 이야기를 나누는 모습이 아름다운 한 폭의 그림으로 떠오르지 않나요?"

고대 이집트에서는 해마다 홍수 때문에 나일 강이 범람하여 전답田畓과 강의 경계가 사라지곤 했다. 그때마다 전답을 정확하게 측량하여 경계를 다시 정해야 했다. 이 골치아픈 문제를 학문적 체계로 정리한 사람이 고대 그리스의 수학자이자 기하학의 원조인 유클리드다.

유클리드는 당시 이집트의 왕 프톨레마이오스에게 초빙되어 기하학을 강의했다. 왕은 기하학의 방대한 내용에 질려서 유클리드에게 물었다.

"기하학을 좀더 쉽게 배울 방법은 없소?"

"폐하, 기하학에는 왕도가 없습니다."

오늘날 '학문에는 왕도가 없다'는 말이 생겨난 에피소드다. 그런데 하영철 선생님은 그 말을 뒤집는다. "수학공부에는 왕도가 있다!"

1. 먼저 생각한 후에 문제를 풀어본다

문제에 따라서 20~30분 정도 생각하는 시간을 갖기를 권한다. 문제를 풀고 난 뒤에 해답은 확인용으로만 보고, 정답이 맞을 때만 풀이과정을 참고하는 습관을 기른다. 만일 정답이 나오지 않았으면 체크해두었다가 몇 번이고 다시 풀어본다. 수학문제는 외워서 풀면 어차피 제 것이 되지 못한다. 또 수학문제집은 한 권을 사더라도 시간 내에 다 해결하려는 양적인 접근보다, 실력이 쌓였다고 느낄 때마다 다시 도전해보는 질적인 접근방식을 취하는 것이 좋다.

2. 수학문제에서 가장 주의해야 할 것은 바로 '조건'이다

기본적이고 사소한 조건에 문제의 실마리가 있다. 조건을 하나 빠뜨리면 그때부터 해답에서 빗나가는 것이다.

3. 풀어본 문제를 발견하는 것은 즐거움이 아니라 고통이다

풀어본 문제가 시험에 나오면 좋아하는 학생들이 있는데, 이 또한 경계해야 한다. 풀어본 문제가 나오면 기억력에 의존하여 문제를 풀고, 긴장이 이완되면서 같은 난이도의 다른 문제를 푸는 데 어려움을 겪을 수 있기 때문이다.

4. 어려운 문제를 풀 때는 역량 검사, 쉬운 문제를 풀 때는 속도 검사에 주력하라

어려운 문제를 풀 때는 해결될 때까지 시도하는 역량 위주의 학습에, 쉬운 문제를 풀 때는 정확성에 초점을 둔 속도 학습에 주력해야 한다. 이렇게 하면 평소에 적당한 긴장감을 유지할 수 있을 뿐만 아니라 집중력도 높아져 실제 시험에서도 난이도에 상관없이 실력 발휘가 가능하고, 실수를 줄일 수 있다.

5. 어려운 문제일수록 책상이 아닌 일상생활 곳곳에서 계속 생각하라

때로는 환경 변화를 시도해야 한다. 실제로 길을 걷거나 공부가 아닌 다른 일을 하다가 문득 문제 해결의 실마리를 찾는 경우가 많다. 예컨대 시험이 끝난 직후에 해결방법이 떠오르거나, 아무리 살펴보아도 실수를 발견하지 못하다가 풀이과정을 모두 지우고 다시 한 번 풀어볼 때 해답을 발견하게 되는 것이다. 그런 의미에서 쉬는 시간 10분이 수업시간 45분을 능가할 때가 있다.

6. 어떤 문제를 풀든 기본을 잊어선 안 된다

어려운 문제를 만나면 특이한 풀이방법이 있을 것이라고 여기는 태도는 실력 향상을 더디게 만드는 주범이다. 내가 가진 것만으로도 반드시 풀어낼 수 있다는 자신감만 있으면 수학은 충분히 매력적이다. 또한 계산과정에서 실수하는 것은 연습 부족이므로 기본적인 것을 소홀히 하고 어려운 문제에 비중을 두는 것을 경계해야 한다.

7. 노력하고 있다면 누가 뭐라고 하든 자기만의 방식을 고수하라

공부 방식이나 시간대 등에 관해 자신의 방식을 고수하는 것은 자신감 배양에 절대적인 영향을 미친다. 잘 되는 레스토랑은 누가 뭐래도 메뉴를 바꾸지 않는다. 다른 집의 장사가 잘 된다고 하나씩 하나씩 메뉴를 추가하다보면 자신만의 고유한 색깔을 잃어버리기 때문이다. 노력하고 있다면 자신만의 방식을 터득할 때까지 꾸준히 유지하는 것이 필요하다.

8. 자기만의 문제집과 참고서를 만들어라

좋은 참고서와 문제집은 따로 있는 것이 아니다. 가장 적합한 문제집은 10문제당 7개 정도가 풀리는 것이다. 그보다 많이 풀리는 문제집은 쉬워서 계산 위주의 학습이 될 수 있고, 그보다 적게 풀리는 문제집은 어려워서 흥미를 느끼지 못한다.

열려 있는 수학, 알아가는 수학

허민석 (서울대학교 인문계열 2학년)

나는 수학은 타고난 사람들만 잘하는 과목, 재미없는 과목이라고 여겼다. 수학반은 이런 생각을 완전히 바꿔놓았다. 예전에는 오랜 시간 수학문제로 고민하는 것이 부끄러웠는데, 지금은 수학문제를 가지고 고민하는 것이 뿌듯하다. 또 처음으로 성취의 기쁨을 맛보게 해주었다.

개념부터 완전히 이해하기

선생님은 절대 모든 것을 다 가르쳐주시지 않았다. 항상 학생들 스스로 고민해야 하는 부분들을 남겨놓으셨다. 그래서 수업시간에 즉흥적으로 문제를 내거나 질문을 하실 때도 많았다. 또한 고정된 답이나 풀이를 절대 강요하지 않으셨다. 간단한 기하문제를 보조선까지 그어가며 푸는 내 모습을 보고 선생님이 창의적이라고 칭찬해주신 적도 있다. 나는 수학책을 펼쳐놓고, 혼자서 완전히 개념을 이해해보려고 노력했다. 수학공부 시간의 반 이상을 개념 이해에 투자했다. 그러다보니 정작 수학문제를 푸는 시간이 얼마 걸리지 않았다. 완전한 개념 이해를 목표로 책에 나와 있는 개념의 증명들을 내가 직접 해보는 것, 그것이 수학을 공부하는 나만의 방식이었다.

답을 보지 않고 고민해서 풀기

나는 수학문제를 '답을 보지 않고' 혼자 고민해 풀려고 노력했다. 답을 보게 되면 문제에 대한 흥미가 반감되기 때문이다. 오랫동안 문제에 대한 고민을 하면서 여러 가지 풀이법을 적용해보면 다른 문제가 나와도 응용력을 높일 수 있다.

깊이 있는 공부의 지름길, 자기주도학습

하영철 선생님 수학반의 '자기주도적 학습습관' 덕분에 고등학교에 올라와서도 상위권을 유지할 수 있었다. 초등학교 6학년 때부터 중학교 3학년 여름방학 때까지 2년이 넘게 다니던 학원도 더이상 다니지 않았다. 수학반에서 들은 선생님의 조언과 강의를 계기로 혼자 해봐야겠다는 생각이 들었던 것이다. 불안감은 느껴지지 않았고 할 수 있다는 확신만 들었다. 학원을 그만두면서 수업 집중도가 높아졌다. 자습시간에는 내가 부족한 부분만 골라 강화하는 공부를 할 수 있었다. 종종 친구들이 묻는 학원 숙제 대부분이 기본적인 문제였다. 두께를 더하는 공부를 한다기보다는 양만 늘리는 공부를 하고 있었다. 하지만 '자기주도적 학습습관'을 쌓아 공부하게 되면서 나는 한 문제를 가지고 고민하는 시간이 많아졌고 점점 친구들과 '감각 차이'가 커졌다. 그것이 내가 학원을 다니지 않으면서도 상위권을 유지할 수 있었던 비결이다.

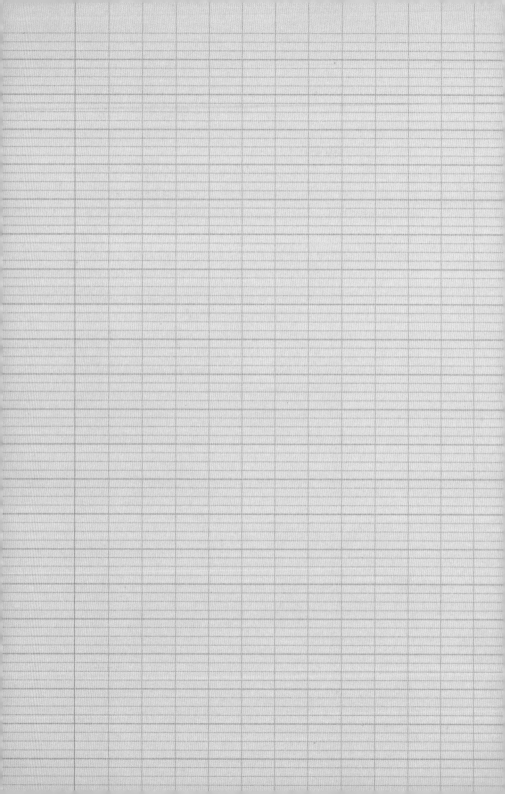

더 넓은 세상과
소통하는 법

권영부·강방식·강현식 선생님
서울 동북고등학교 통합논술 3인방

세상은 스티브 잡스와
제임스 카메론을 원한다

"영화 〈아바타〉는 세계 최초의 3D 실사영화라는 이름에 걸맞게 현란한 영상미로 전 세계를 〈아바타〉 열풍에 휩싸이게 했습니다. 애플사의 아이팟, 아이폰은 사용자가 직접 선택할 수 있는 14만 개의 애플리케이션으로 수많은 애플 마니아를 탄생시켰고요. 〈아바타〉와 아이폰이 존재할 수 있었던 이유는 바로 제임스 카메론 감독과 애플사의 CEO 스티브 잡스의 창의성 덕분입니다.

뻔한 줄거리이지만 무한한 상상을 입혀 영화에 흥행의 날개를 단 제임스 카메론과 사용자가 원하는 어떤 프로그램이라도 다운받을 수 있는 앱스토어를 만들어 폭발적인 반응을 얻은 스티브 잡스. 스스로 반은 예술가, 반은 기술자라고 말하는 제임스 카메론은 실제로 대학에서 물리학과 철학을 공부한 통섭형 인재였습니다. 학문의 경계를 자유롭게 넘나드는 통합적 사고가 이런 영화를 만들

수 있게 해준 원천이라 할 수 있습니다."

'논술'이 공부가 되고 대학입시와 관련된 것으로 인식될 때 논술을 보는 사고의 폭은 좁아진다. 학생들이 논술을 공부해야 하는 진짜 이유는 두말할 것 없이 통합적 사고를 기르기 위함이다. 요즘 아이들은 개별적인 정보 획득에 있어서는 누구에게도 뒤지지 않지만, 자신이 가진 정보를 조합해 새로운 것으로 탄생시키는 능력은 절대적으로 부족하다. 새로운 것을 알아내는 힘은 이미 알고 있는 지식을 다른 영역으로 전이할 때 가능하다.

『새로운 미래가 온다』의 저자이자 세계적인 미래학자 다니엘 핑크는 "미래는 1+1=3을 만드는 창의적인 인재만 살아남는 시대"라고 말했다. 그는 "비빔밥에 들어가는 재료들은 따로 먹어도 맛있지만 하나로 결합했을 때 훨씬 맛있다. 융복합사회에선 여러 가지 재료를 섞어 더 훌륭한 맛을 내는 비빔밥과 같은 사고가 필요하다"며 통합적 사고를 강조했다.

번뜩이는 아이디어 하나로 부와 명예를 동시에 거머쥘 수 있고, 고정관념을 뒤엎는 창의적인 발상으로 세상을 변화시킬 수도 있다. 단편적인 지식으로 쌓은 스펙이나 성적으로 포장된 우등생 전략으로는 경쟁력이 없다. 미래학자 다니엘 핑크의 '비빔밥' 비유처럼, 창의적인 아이디어란 지식과 지식을 연계하고 융합하는 통합적 사고능력과 논리적 사고능력을 밑거름으로 탄생하는 것이다.

창의적인 교육은 명실공히 우리 학생들의 생존을 판가름하는 중요한 변수가 되었다. 그래서 동북고등학교 '통합논술(통합교과형 논술) 3인방'이라 불리는 세 선생님들은 시대적 요청에 따라 통합논술이 필수불가결한 최고의 과목으로 자리매김하고 있다고 말한다. 제2의 스티브 잡스, 제2의 제임스 카메론이 되고 싶다면 통합적으로 공부하고, 통합적으로 사고하라!

02 영역을 넘나드는 릴레이식 수업, 상상력의 꽃을 피우다

지식정보화사회에서 단편적인 지식은 더이상 쓸모가 없다. 일부 대학입시에 통합교과형 논술(이하 통합논술)이 등장한 것도 이러한 시대 흐름을 반영한 것이다. 당시 '통합논술'을 두고 "시험 준비를 위한 교육이다" "사교육을 부추긴다" "공교육을 황폐화한다"며 한목소리로 'No'를 외칠 때, 공교육이 통합논술을 가장 잘 가르칠 수 있는 시스템이라며 'Yes'를 주장한 선생님들이 있다. '릴레이식 팀 티칭'이라는 교육 모델을 들고나온 서울 동북고등학교의 통합논술교사 3인방, 권영부(경제), 강방식(윤리), 강현식(물리) 선생님이 그 주인공들이다.

"통합논술은 각 교과서의 주요 개념들을 한 그릇에 담아 비빔밥을 만드는 과정으로 이해하면 됩니다. 얼마나 맛있게 비비는가는 학생들 몫입니다. 잘 비빌수록 비판적 사고와 창의력은 쑥쑥 자라고 통합논술이라는 영양소를 듬뿍 섭취하게 되지요."

동북고등학교의 통합논술수업은 한 교실에 서너 명의 선생님이 동시에 투입되어 한 주제를 각자 전공과 연결해 분야를 넘나드는 릴레이식 수업으로 진행된다. 가령 물리교과 강현식 선생님이 물리학의 원리 중 하나를 설명하면 그것을 윤리교과 강방식 선생님이 인문학에 접목시킨다. 연이어 경제교과 권영부 선생님이 정치경제 논리에 적용해 설명한다. 교과와 교과를 넘나드는 '영역 전이' 수업이다.

수학교과의 '기울기'를 예로 들자면, 기울기 개념을 설명한 다음 창 던지기, 스키 점프, 교통 표지판 같은 '생활 속 기울기'로 옮아간다. 곧이어 과학교과에서는 기울기의 또다른 얼굴인 '변화율'이라는 개념이 등장하고, 경제교과에서는 '기울기의 경제적 진화, 수요의 가격 탄력성'으로 이어지면서 비탄력적인 상품의 대표격인 석유와 중동 지역에 대한 설명이 나오는 식이다.

'항상성' 개념을 자연에서 사회로 그리고 삶으로 영역 전이하며 강의하기도 한다. 선생님이 갑자기 '저 들에 푸르른 솔잎을 보라. 돌보는 사람도 하나 없는데, 비바람 맞고 눈보라 쳐도 온 누리 끝까지 맘껏 푸르다'라는 가사의 〈상록수〉를 부른다. 학생들이 항상성 개념에 쉽고 친숙하게 다가가도록 하기 위해서다. 수업시간에

주제와 관련한 노래를 부르거나 퍼포먼스를 하는 것은 예삿일이다. 하나의 생명체가 자신의 생명을 유지하기 위해 시시때때로 변하는 주위 환경에 대응하며 살아남는 모습은 경이로움 그 자체다. 항상성은 외부의 변화나 자극에도 내부의 상태와 조건을 늘 일정하게 유지하려는 성질이다. 항상성 개념을 바이메탈bi-metal이나 정보처리, 태풍현상 속에서도 찾을 수 있다.

수학의 항등원, 항등식, 항등함수, 단위행렬 등에도 과학의 항상성 개념이 들어 있다. 정치현상에는 풍요와 안정이라는 항상성 개념이 있고, 경제에는 완전고용과 물가안정이라는 항상성 개념이 있다. 지구가 일정한 산소 농도를 유지하면서 자기 존재를 간직하려고 애쓰듯이 사회도 범람하는 외래문화의 폭풍을 이겨내면서 자신의 문화 정체성을 지키기 위해 안간힘을 쓴다. 정체성 확인 작업은 인간에게만 필요한 것이 아니다. 자연과 사회에도 정체성의 중요성은 생생하게 살아 숨 쉬고 있다. 여러 분야를 넘나든다고 해서 지레 겁먹을 필요는 없다. 핵심개념은 각 교과서에서 뽑았기 때문이다.

릴레이식 수업인지라 강의중인 선생님이 판서한 내용에 다른 선생님이 설명을 덧붙이기도 하고, 다른 각도에서 해설하기도 한다.

"어떤 땐 그게 아니라면서 갑자기 튀어나와 강의하는 사람은 제쳐놓고 자기가 막 수업을 하는 경우도 있어요. 그리고 누가 한자를 잘못 쓰기라도 하면 맞네 틀리네 우기고 싸우다가 같이 찾아보기도 하고요. 그런 역동적인 과정들이 학생들 보기에 재밌나 봐요. 선생님들이 뒤에서 가만히 앉아 있는 것이 아니고 서로 격하게 토론을 하니까요."

협력하고 반박하고 논의하는 과정에서 통합적 사고가 생긴다는 것을 학생들은 강의 내용뿐만 아니라 눈앞에 펼쳐지는 현장 속에서 체감하게 된다.

선생님들은 학생들이 평소 다른 수업을 받을 때도 한 교과의 내용이 다른 교과의 내용과 어떻게 연계될 수 있는지 고민하기를 바란다. 학습하는 태도가 변해야 통합논술에 접근하기가 수월해지기 때문이다. 가령 논제가 '균형과 평형'으로 출제되면 영역 전이가 잘 되는 학생은 윤리교과의 '쾌락주의의 역설'과 경제교과의 '한계효용 체감의 법칙' 사회교과의 '제로섬 게임' 물리교과의 '에너지 보존의 법칙' 환경시간에 배운 '생태계의 항상성'을 떠올릴 수 있을 것이다.

통합논술 논제가 '고령화'라고 정해졌다면, 과학교과의 '노화와 욕망' 경제교과의 '부양·피부양 가족의 관계' 윤리교과의 '가족과 사회' 등 다양한 교과적 측면에서 바라볼 수 있어야 한다. 여기에 고령화 문제가 담긴 국어교과의 소설이나 신문기사도 포함될 수 있다. 단편적으로 고령화의 해결방안을 줄줄 외워서는 절대 논제에 접근할 수 없다. 이를 위해서 가장 중요한 것은 '생각하는 힘'이다.

"어떤 일이든 곱씹어 생각하는 습관이 중요합니다. 그 생각을 자기 글로 표현하는 것이 논술입니다. 그런 점에서 논술은 분명히 가치 있는 공부입니다. 이제까지의 수업이 콘텐츠만 강조했다면 자기 생각을 말과 글로 푸는 것은 또다른 차원의 능력이죠."

'상상력을 동원하여 결과를 추론하라'거나 '선택한 입장을 A의 영역에도 적용해보라'는 질문은 통합논술의 단골 메뉴다. 권영부 선생님은 타당한 이유가 뒷받침된 주장만이 창의적이라는 평가를 받는다고 조언한다.

"경제경시대회 시험문제 채점을 한 적이 있어요. 70퍼센트의 학생들이 논지는 물론이고 예시까지 똑같은 걸 보고 경악했던 경험이 있습니다. 틀에 박힌 생각과 글은 한쪽으로 미뤄놓게 됩니다. 요즘 논술의 틀을 가르쳐주는 곳이 많은데, 그런 것에 구애되지 않고 자기만의 생각을 쓰는 게 진짜 통합논술입니다."

논술고사에 제시문을 주는 이유는 논술이 쓰기능력만이 아니라 읽기능력도 평가하기 때문이다. 궁극적으로는 생각하는 능력까지 평가하고자 한다. 그럼에도 대부분의 학생이 저지르는 실수가 있다. 논제를 평소에 생각해왔던 대로 해석해버리는 것이다. 논제는 평범하더라도 반드시 제한 조건이 있다. 사소한 조건이라도 논제를 정확히 곱씹으면서 몇 번씩 읽어야 한다. '수리과학적 개념을 최대한 사용하여' 라는 구절이 있다면 출제자가 학생들의 수리과학적 개념을 활용하는 능력을 평가하기 위해 집어넣은 것임을 인지해야 한다. 각종 변수와 다양한 요소들의 관계를 어떻게 정리하는지를 통해 학생들의 창의력과 추론능력을 평가하는 것이 논술의 출제의도라는 것을 잊지 말아야 한다.

실제 수업 엿보기

물리교사 오늘 수업은 생활과학 교과서의 3, 4단원인 '약물을 오남용하면 어떤 부작용이 생길까?' 입니다. 이번 수업은 담배, 마약, 술과 같은 습관성 약물에 대해 각 선생님들이 다양한 측면에서 생각할 '고민 덩어리'를 던져주실 거예요.

주제가 과학영역인 만큼 먼저 물리교과 강현식 선생님이 '약물과 술(알코올)에 대한 과학적 측면'을 이야기한다.

물리교사 약물의 과학적인 측면부터 살펴볼까요? '약물'이라고 하면 식품 외에 특정한 목적으로 섭취하거나 주사기 같은 기구를 사용하여 몸속에 주입하는 것들을 일컫습니다. 약물은 식품과는 달라요. 일반적으로 식품은 우리 몸의 에너지원이 되는 3대 영양소를 가진 섭취물이라는 점에서 약물과 비교되지요. 그중 의학적 필요성이 없음에도 어떤 약물을 습관적으로 계속 섭취하는 경우가 있으며, 만약 사용을 중단하면 정신적 또는 육체적 이상 현상도 일어나지요. 이때 나타나는 이상 증상을 금단현상이라고 해요.

습관성 약물은 대뇌에 있는 신경세포의 생리적 기능에 영향을 줍니다. 그러면 사람의 감정이나 행동에도 변화가 오지요. 마약의 한 종류인 코카인은 대뇌 신경을 자극해 일시적인 만족감을 주긴 합니다만, 심장 박동과 혈압을 증가시켜 심장을 손상시키기도 합니다. 심한 경우에는 처음 사용한 젊은 사람도 심장마비를 일으킬 수 있어요. 굉장히 위험하죠.

대마초는 환각작용이 있지만, 많이 피우면 자극에 대한 반응이 느려지고, 판단력, 기억력이 흐려진다는 보고가 있습니다. 무기력증 때문에 학습이나 일에 대한 의욕을 상실하는 부작용도 나타나지요.

이제는 술, 아니 알코올에 대해 이야기해볼까요. 술의 주된 성분인 알코올은 사람의 마음을 부드럽게 해주기도 하죠. 알코올의 양에 따라 사람들의 행동은 어떻게 변할까요? 주량에 따라 차이는 있지만, 맥주 한 컵이나 위스키 한 잔을 마시면 혈액 내 알코올 농도는 한 시간 이내에 0.01~0.02퍼센트에 도달하고, 긴장이 완화되면서 좋은 기분이 지속됩니다. 여기까지가 딱! 좋은데, 세 잔 정도 마시면 0.04~0.06퍼센트의 혈중 농도를 나타내고 약간 흥분된 상태로 들어갑니다. 이때가 바로 프러포즈를 할 수 있는 최적기가 아닐까 싶은데요. 수줍어하는 사람도 호기를 부릴 수 있는 상태입니다.

네 잔째로 접어들면 혈중 알코올 농도는 0.06~0.09퍼센트에 도달하여 몸의 균형이 약간 흐트러지는 것을 느낄 수 있고 취기가 돕니다. 그래도 아직까지 올바른 판단과 사고를 할 수 있어요. 다섯 잔을 마시면 혈중 농도는 0.10~0.11퍼센트 정도. 몸의 균형을 잡기 어렵고 말은 횡설수설입니다. 그래도 계속해서 마시면 뇌의 중추신경기능이 현저히 떨어지면서 한마디로 필름이 끊기는 상태(0.4퍼센트), 자칫하면 심장마비로 사망에 이르는 일까지 벌어집니다.

습관적으로 음주를 하는 사람은 알코올에 대한 내성과 의존성이 생겨 장기적으로는 신체기능의 심각한 손상을 일으킬 수 있습니다. 가장 심각한 부작용은 간에 나타나는 지방간과 간경화 현상입니다. 이외에도 면역 기능이 떨어지면서 박테리아 감염이나 암에 대한 저항력도 떨어지지요. 만약 임신중인 여성이 알코올을 섭취하면 태아에도 영향을 줄 수 있어서 유산이나 조산될 위험도 높죠. 신체나 정신에 이상을 보이는 태아알코올증후군인 아이가 태어날 수도 있습니다.

물리과 선생님이 약물과 술의 과학적 측면에 대해 이야기를 마치자, 이어서 윤리과 선생님이 '예술가들의 약물중독'에 대해 이야기하기 시작한다. 약물의 오남용에 대한 접근방법이 과학교과에서 사회, 미술교과로 전이되는 순간이다.

윤리교사 약물중독이 과연 개인적으로나 사회적으로 문제만 있는 것일까요? 모든 것에는 양면이 있듯이 약물중독도 마찬가지입니다. 예술가들은 보통 사람들과는 다른 독특한 시각을 가지고 있습니다.

고흐의 〈별이 빛나는 밤에〉는 분명 밤의 모습을 그린 작품입니다. 그런데 밤 치고는 너무 화려합니다. 더욱이 마치 물이 소용돌이치듯 표현한 별빛이 흐르는 장면은 보통 사람들의 시각으로는 그렇게 그릴 수가 없습니다. 술을 거나하게 마신 후에 밤하늘을 바라본 것은 아닐까요? 사실 고흐는 압생트라는 독주를 즐겼습니다. 어떤 미술 비평가들은 고흐의 그림이 독특한 것은 바로 압생트 중독 때문이라고 이야기합니다. 고흐가 귀를 자른 것도 압생트를 너무 많이 마셨기 때문이라는 설도 있지요. 로트레크가 그린 〈빈센트 반 고흐〉에서 고흐 앞에 있는 술이 압생트입니다.

고흐가 살던 당시 압생트는 흔한 술이었습니다. 르누아르가 그린 〈선상파티의 점심식사〉에서 식탁에 보이는 술도 압생트입니다. 사람들이 점심에 곁들여 아주 자연스럽게 마시던 술이었습니다. 압생트는 알코올 도수가 70도가 넘는 심지어 90도까지 되는 술인데 말입니다. 그러나 문제는 알코올 도수가 아니라 압생트 원료 중 하나인 향쑥이었습니다.

향쑥은 환각작용을 일으키는 식물로 지금은 사용이 금지됐습니다. 마치 대마초가 금지되었듯 말입니다. 고흐의 그림이 환상적이면서도 몽롱한 느낌을 주는 것은 바로 향쑥 때문이 아닐까 생각됩니다.

현재 판매되는 압생트에 향쑥은 들어가지 않습니다. 대신 압생트의 광고지에 취한 고흐의 모습이 그려져 있는 것이 흥미롭습니다. 압생트라는 약물은 고흐에게 독특한 그림 세계를 만들어주는 윤활유 역할을 하기도 했고, 귀를 자르는 등 끔찍한 일을 저지르는 계기가 되기도 했습니다. 그런데 독성도 강하고 환각작용도 있는 약물을 국가에서 금지하는 것이 타당할까요? 프랑스의 유명한 소설가 프랑수아즈 사강은 대마초 흡연과 마약 복용 혐의를 받아 체포된 적이 있는데, 재판정에 선 그녀는 이렇게 말했습니다. "남에게 해를 끼치지 않는 한 나는 나를 파괴할 권리가 있다."

성인들에게 담배와 술을 허용해도 청소년들에게 담배와 술을 금지하는 이유는 건강 때문입니다. 신체가 한창 성장할 때 독성이 강한 약물을 접하면 각종 질환에 취약해질 수 있고, 제대로 자랄 수 없기 때문입니다. 하지만 이러한 이유로 금지하는 것이 합당한지는 사강의 이야기를 통해 진지하게 고민해봐야 합니다. 사회적으로 당연시되는 것에 의문을 품는 것은 철학하는 마음입니다. '왜'라는 질문을 던지는 것이 학문의 시작입니다. 청소년에게 흡연과 음주를 금지하는 것을 사람들은 대부분 타당하다고 받아들입니다. 과연 그것이 타당할까요? 깊이 생각해봅시다. 이제 다음 선생님이 약물 오남용을 경제적 측면에서 설명하시겠습니다.

경제과 권영부 선생님은 약물 오남용이라는 주제를 경제영역에서 접근한다. 주요 내용은 '외부 효과와 약물 오남용'이다.

경제교사 약물 오남용을 방치하면 약물에 취해 비틀거리는 사람들을 자주 접할 수 있겠죠. 만약 여러분이 그 곁을 지나가면 기분이 어떻겠습니까? 분명한 건 기분이 좋을 리 없다는 거죠. 혹시 약물에 취한 사람이 나에게 위해를 가하지 않을까 걱정할 수 있을 겁니다. 이렇게 한 사람의 행동이 다른 사람에게 피해를 주는 경우를 경제학에서는 '외부 불경제'라고 합니다. 물론 이익을 주는 경우도 있습니다. 이 경우는 '외부 경제'라고 합니다. 이때 외부 불경제와 외부 경제를 아울러 '외부 효과'라고 하지요. 집작하시겠지만 외부 불경제의 경우에는 국가가 개입해 규제하고 막아야 겠지만, 이익을 주는 경우는 장려해야 되겠죠. 우선 외부 효과에 대해 간략히 알아봅시다.

길거리에서 우연히 자신이 좋아하는 음악을 듣게 되는 경우가 있죠? 직접 음반을 사지 않아도 우리는 그 음악을 감상하면서 만족감을 느낍니다. 반면 다른 사람의 행동으로 불쾌감을 느끼거나 손해를 보기도 합니다. 지하철 옆자리에 앉은 사람이 자기 취향에 맞지 않는 음악을 볼륨을 높여 듣고 있으면 짜증이 나는 경우를 생각해보세요. 이처럼 자신이 아닌 다른 사람의 행동으로 영향을 받는 것을 바로 외부 효과라고 합니다. 이 영향이 좋은 것일 때는 '외부 경제'라 하고, 나쁜 것일 때는 '외부 불경제'라고 합니다. 이런 외부 경제는 생산활동에서도 나타납니다.

만약 양식업을 주로 하는 어느 마을에 공장이 들어서서 폐수를 내뿜는다고 합시다. 마을의 물은 금방 더러워지고 양식장의 고기는 병들어 죽게 됩니다. 바로 마을 주변 공장의 폐수가 외부 불경제를 일으키는 것이지요. 반면에 양봉업자가 과수원 주변에 산다면 양봉업자와 과수원 주인은 서로 이득을 봅니다. 과수원에 활짝 꽃이 피면 벌들이 날아와 꿀을 가져가고 과일나무는 그 과정에서 수정이 잘 되기 때문이지요. 이것이 바로 외부 경제입니다.

좋은 자연환경은 이처럼 사람들에게 경제적 이득, 즉 외부 경제 효과를 가져다줍니다. 예를 들어 숲이 우거지면 맑은 공기를 마실 수 있고, 여름철에 많은 비가 내려도 홍수를 막을 수 있습니다. 그러나 외부 불경제는 누가 비용을 부담할지가 분명치 않습니다. 그래서 정부가 나서서 환경오

염을 방지하는 여러 활동을 합니다. 정부가 공공장소에서 담배를 피우지 못하도록 규정을 만들고 감시하는 것도 같은 이치입니다. 분명한 것은 외부 경제는 늘리고, 외부 불경제는 막아야 한다는 것입니다. 물론 정부의 이런 활동에 들어가는 돈은 모두 국민들이 낸 세금으로 충당하게 됩니다.

외부 효과는 시장경제 체제가 삶의 모든 영역을 지배하지 못한다는 당연한 이치를 새삼 확인시키는 경우라고 볼 수 있습니다. 즉 인간의 인식 능력과 인간이 지금까지 이루어놓은 사회과학과 사회제도의 한계를 보여주는 경우라고 할 수 있죠. 시장을 통하지 않고 서로가 서로에게 주는 혜택과 손해를 손쉽게 정산할 수 있다면, 모든 종류의 외부 효과는 별 문제 없이 시장경제 체제로 '내부화'할 수 있을 것입니다. 이러한 외부 효과의 문제점을 해결하려면 어떻게 해야 할까요? 외부 경제의 경우에는 보조금 지급, 홍보 등의 장려책을 실시해야 합니다. 서로에게 이익이니 당연히 권장해야 되겠죠.

외부 불경제의 경우에는 정부가 직접 규제하거나 조세 정책을 통해 사회적으로 필요한 만큼만 생산되도록 유도해야 합니다. 그렇지 않으면 사회적 비용의 증가와 환경파괴가 가속화되기 때문이지요. 약물 오남용의 경우도 방치하면 사회문제가 되기 때문에 법률적 규제가 필요합니다.

03 공교육이라서 가능한 통합교과수업

동북고등학교의 통합논술강의는 독서토론 모임에서 싹텄다. 1999년 교사 통신망 게시판에 올라온 "선생님들이 함께 모여 책 읽고 토론하며 생각을 키웁시다"라는 한 줄의 글이 출발이었다.

처음에는 단순히 책 읽는 것을 좋아하는 교사들끼리 즐겁게 책을 읽자는 취지로 모였다. 몇 차례 모임을 거듭하면서 똑같은 책을 가지고 이야기를 나눌 때 제각각 풀어내는 보따리가 다채롭다는 데 서로가 놀라고 신기해했다. 통합적 사고의 매력을 느끼기 시작한 것이다. '이런 내용을 우리만 알기 아깝다. 학생들에게도 이 맛을 느끼게 해주는 것이 어떻겠느냐?'는 의견이 나왔다.

의견 일치를 보고 선생님들이 고안해낸 수업방법은 네트워크 수업이었다. 한 시간 수업에 한 명의 교사가 수업을 하는 것이 아니라, 독서토론 모임처럼 여러 명의 교사가 한 가지 주제에 대해 이야기를 나누는 형태의 수업이었다. 그러나 당초 기대했던 것과 다르게 학생들의 반응은 시큰둥했다. 그때까지만 해도 통합교과수업에 대해서 필요성을 느끼지 않았기 때문이다. 2002~2003년, 방과후 학교를 통해 시도해보려 했지만 학교 내 사정이 여의치 않아 못하던 중에 2005년 서울대학교를 중심으로 통합교과형 논술고사 이야기가 나왔다.

"아, 이거다! 각기 다른 과목의 선생님들이 한 가지 주제를 가지고 다양한 시각으로 강의해보면 되지 않겠냐. 다른 학교에서는 부담스러울지 몰라도 우리는 몇 년 동안 독서토론으로 다져왔으니 학생들에게 뭔가 도움을 줄 수 있겠다. 이런 자신감이 생겼죠."

하나의 주제를 두고 영역 전이를 하는 수업을 하면서 선생님 한 명이 북 치고 장구 치고 '원맨쇼'를 할 수는 없었다. 지력은 짧고, 궁구해야 할 지식은 방대하다. 시간은 짧고 읽어야 할 책들은 산더미다. 혼자 힘만으로는 요령부득이다. 통합논술 매뉴얼의 도움을 받는 것도 좋지만 딱히 이거다 싶은 매뉴얼도 없었다. 결국 자구책을 강구할 수밖에 없었다. 이른바 팀 수업!

곧이어 연구팀과 실행팀으로 나누어 2005년 2학기부터 수업에 들어갔다. 가장 먼저 대학입시에서 가장 많이 출제되었던 논술, 구술시험 주제(저출산 고령화, 환경, 세계화, 양성평등 문제 등)를 10개 정도 뽑고, 한 가지 주제에 대해 수업에 참가하는 선생님들이

브레인스토밍을 했다.

브레인스토밍 과정에서는 해당 주제에 대해 자기 교과에서 말할 수 있는 내용들을 전부 풀어놓은 다음 다시 유기적으로 묶어냈다. 수업은 철학, 국어, 경제, 윤리, 물리 선생님 다섯 명이 진행했고, 나머지 선생님들은 참관수업을 했다. 수업이 끝난 뒤에는 평가를 통해 문제점을 보완하고 다음 수업 지도안을 함께 작성했다.

물리교과 강현식 선생님은 통합논술수업을 준비하면서 개인적으로 마음은 있었지만 선생님들끼리 자기 수업을 내보인다는 게 가능할지 내심 의구심이 들었다. 그런데 학생들의 반응이 상당히 좋았다. 여러 과목의 선생님들이 함께하니 학생들의 이해도가 높아졌다. 게다가 창의적이고 비판적인 사고를 키워주기 위해서 시작한 작업들이 결과적으로 선생님들 개개인의 수업에도 영향을 미쳤다. 상대 교사의 수업을 자신의 수업에 응용하고 적용하고 발전시켜나가면서 선생님들 각각의 역량 또한 커진 것이다.

통합논술반 강좌는 논술시험을 치르는 몇몇 대학에 들어갈 우수 학생들을 대상으로 한다. 하지만 통합논술이 꼭 성적이 우수한 학생들에게만 필요한 것은 아니기 때문에 다른 학생들에게도 논술강좌를 열어두었다. 어느 누구도 공교육에서 통합논술수업을 한다는 건 상상도 못했다. 그 가능성을 세 명의 뚝심 있는 남자들, 권영부, 강방식, 강현식 선생님이 보여주었다.

대학에서 이야기가 나오기도 전에 통합논술교육의 필요성을 깨닫고 통합논술수업을 시작한 선생님들은 이제 또 하나의 실험을 준비하고 있다. '방과후 학교'에서만 진행하던 통합논술수업을 교과수업까지 확장하는 것이다. 특정 선생님의 수업시간에 수업이 없는 다른 선생님이 함께 참여하는 '콜로키엄형 수업'이 그것이다. 보통 두 명의 선생님이 하거나 경우에 따라서는 서너 명이 함께하기도 하고, 시간표를 조절하여 두 시간 연속강의로 수업을 진행하고 있다.

공교육에서 통합교과수업은 불가능하다고들 했지만 선생님들의 역량을 잘 합친다면 논술은 공교육에서 더 잘 가르칠 수 있다. 강방식 선생님은 진정한 통합논술수업은 모든 교사가 통합교과적인 마인드를 지니고 자신의 교과목을 가르치는 것이라고 말한다.

"2~3년 뒤를 내다보면서 수업을 하다보니 처음에는 비판이 있었어요. 10년, 20년 후에는 어떻게 할 거냐, 입시가 바뀌면 그만두는 거냐는 이야기도 들었습니다. 그래서 학생의 미래를 내다보는 수업을 하자, 계속 지켜보자, 꽃이 필 것이다, 그걸 염두에 두었지요. 자기 스스로 뭔가 하려고 하는 학생들은 희망의 끈을 놓지 않거든요. 같이 공부하는 느낌이지요. 수업 내용에 대해서도 이야기하고 최근에 재밌게 읽은 책이 뭐냐고 묻기도 하고. 사제가 아니라 동료가 되어가는 것 같아요."

선생님들은 5년 동안 쌓은 역량을 다른 학교 학생들에게도 나누

어주고 있다. 통합논술수업을 원하는 학교나 학생이 있으면 별도의 수업을 마련하고 때로는 학교를 방문해 교육을 나누는 '공교육 강좌 나누기'다. 강방식 선생님은 공교육 교사이기 때문에 그럴 의무가 있다고 말한다.

문학지를 통해 등단한 시인이자, 대기업에 다니다가 교사가 된 신문활용교육(NIE, Newspaper In Education) 전문 경제 선생님, 물리교육과를 졸업하고 심리학을 더 공부하고 있는 물리 선생님, 그림을 통해 세상읽기를 즐겨하고 교육연수원에서 논술과 구술을 강의하는 윤리 선생님. 세 선생님들의 이력도 참 남다르다.

"대학에 못 들어가고 짜장면 배달하면서 중국집 사장님이 되는 학생도 있겠지요. 하지만 그들에게도 필요한 게 이 수업이라고 생각합니다. 가게를 잘 운영하는 데에도 창의력이 필요하기 때문이지요. 통합논술수업을 통해서 학생들이 생각하는 방법을 배우고 써먹었으면 좋겠습니다. 그것은 학교만이 해낼 수 있는 일이지요. 학교교육의 경쟁력을 키울 수 있고, 공교육을 살릴 수 있는 절호의 기회입니다. 뭉치면 가능합니다. 공교육은 결코 죽지 않았습니다. 단지 가슴속에 불씨를 감추고 있을 뿐입니다."

통합논술 3인방은 '한 가지 방법이라도 붙들고 열심히 하라!'고 말한다. 논술을 준비하는 방법은 백화제방百花齊放, 즉 사람마다 제각각이다. 그러나 그것도 정리하다보면 결국 세 가지 방법 즉 교과서, 신문, 독서로 귀결된다. 요는 이 세 가지 방법을 무조건 좇지 말라는 것이다. 자신의 취향에 맞게 하나를 선택하여 죽기 살기로 몰입하라는 말이다. 논술에 지름길은 없다. 그저 한 가지 방법이라도 꾸준히 실천하는 자만이 논술의 정상에 오를 수 있다.

1. 교과서를 네트워킹하라

일차적으로 교과서 내용을 정리하고 이해해야 한다. 그런 다음 그 내용을 심화학습하여 사고력을 키워야 한다. 심화학습을 위해 필요한 것이 교과 네트워크다. 교과 네트워크는 각 교과서의 유사 내용을 중심으로 할 수도 있고, 교과서 내용과 교과서 밖의 내용으로 할 수도 있다. 교과 네트워크는 통합교과형 논술의 취지에 안성맞춤이다.

단독교과 중심의 학습은 계통적 학습을 통하여 인지능력을 계발하는 데 효과적이지만, 교과 내용 간의 중복을 피하기 어렵고, 교과와 교과, 교과와 생활 간의 관련성을 제대로 제시하지 못한다. 또한 정보를 유형화하여 저장하는 두뇌의 기능과 연결되지 못하므로 학습을 어렵게 하는 약점을 지닌다. 이러한 약점을 극복하는 보완책이 바로 교과 네트워크다.

교과 네트워크를 자주적으로 실천하는 방법으로는 '네트워크 공책'이 있다. 먼저 네트워크 공책에 각각의 교과서에서 찾은 공통된 주제를 선정하여 한꺼번에 모아 정리한다. 예를 들어 환경에 관련된 내용은 사회, 경제, 지리, 과학, 국어, 기술가정 등 다양한 교과서에 언급되고 있다. 이것을 환경이라는 주제 아래 집결시켜 정리한 후 교과서 이외의 영역에서 찾은 환경 관련 정보를 네트워크 공책에 덧붙이는 형식으로 정리하면 통합적 사고를 키우면서 논술 준비도 가능하다.

2. 세상 일에 관심을 가져라, 제발!!!

두 번째 논술 준비법은 신문활용교육이다. 신문은 이 시대를 살아가는 사람들에게 필요한 정보를 제공하고 있어 정제된 핵심정보를 알 수 있다. 또한 문제의 발생부터 경과 그리고 문제의 해결까지 보여주는 글들이 많아 논리적 사고를 키울 수 있다. 사진, 만화, 칼럼 등 생생하게 살아 있는 예시 자료가 많다는 점도 문제의 핵심을 이해하는 데 도움을 준다. 그러므로 평소에 꾸준히 신문읽기를 하면 지식과 정보도 늘고 논리력도 키울 수 있다. 부가적으로 어휘력은 물론 문장력도 키울 수 있다.

① 흥미가 있는 신문기사를 스크랩하여 요약하는 훈련을 꾸준히 하면 이해분석력이 향상된다. 통합논술은 사고의 결과보다 사고의 과정을 중요시한다. 따라서 글의 주장과 근거의 관계를 찾아내는 훈련이 필요하다.

② 칼럼이나 사설의 관점을 논증적으로 분석한 후에 이에 대한 자신의 의견을 쓴다.

※신문활용교육을 할 때 사담 후세인 이야기가 나온 적이 있다. 그런데 많은 학생들이 사담 후세인을 모르더라. '개인적인 이야기를 하는 후세 사람' 아니냐고? 얘들아, 세상 일에 관심 좀 가져라, 제발!!!

3. 한 권의 책이라도 묵직하게 읽어라

누가 뭐라고 해도 논술의 원천은 책읽기다. 읽기와 쓰기는 들숨과 날숨 같아 둘 중 하나라도 소홀히 해서는 논술을 제대로 할 수 없다. 문학책을 통해 문학적 상상력을 키울 수 있고, 사회과학책을 보면서 사회현상에 대한 분석력과 비판력을 키울 수 있다. 과학책을 통해 새로운 이론을 접하고 그 이론의 탄탄함 정도를 비판적으로 가늠해볼 수도 있다. 제대로 책읽기를 실천하다보면 논술 준비는 자연스레 이루어질 것이다.

책읽기를 꾸준히 함으로써 심층적, 다각적, 독창적 사고능력도 배양할 수 있다. 책을 통해 옛 선인들의 사상, 현대인들의 사유과정을 구조적으로 통찰할 수도 있다. 창의력이 중요해지는 통합의 시대에는 독서도 새로운 방법으로 접근해야 한다. 예를 들어, 신경숙의 『엄마를 부탁해』라는 책을 읽고 엄마의 사랑과 희생을 느끼는 것만으로 만족하기에는 시간과 정열이 아깝다. 항상 자신의 문제의식과 연결지어 읽어야 한다. 진로에 대한 고민, 사회문제에 대한 고민, 개인적 문제에 대한 고민으로 고민의 층위를 나눈다면, 『엄마를 부탁해』가 담고 있는 저출산 고령화 문제도 함께 고민해야 한다.

이런 훈련이 일상화되면 통합논술 시험에서 출제되는 다양한 주제에 대해 자신이 읽은 책에서 얻은 아이디어를 창의적으로 적용할 수 있다. 책을 무작성 많이 읽는 것보다 중요한 것은 한 권의 책이라도 묵직하게 읽는 것이다.

4. 자신의 견해를 짧은 글로 써보라

각 교과서의 단원 뒷부분에 나와 있는 '생각해볼 문제' '학습활동' '익힘 문제' 등을 풀어보면 유용하다. 학생들은 대부분 '알아보자' '말해보자' '생각해보자'와 같이 표현된 문제들을 그저 장식용 정도로 생각하고 넘어가곤 한다. 이제부터는 그 문제들을 진지하게 고민해보라. 나아가 현실에서 발생하는 여러 사건들에 적용해보고 자신의 견해를 한 문단의 짧은 글로 써보는 습관을 길러라.

5. 질문을 던져보라

평소에 교과공부를 하다가 이 부분이 다른 교과의 어느 부분과 연결될 수 있는지 자주 질문을 던져보라. 예를 들어 환경문제의 경우 가장 핵심적인 쟁점은 과학기술을 어떻게 보느냐의 문제다. 이런 쟁점을 찾아가기 위해서는 통합적인 사고, 통합교과적인 학습이 필요하다. 주장만 있고 근거가 없다면 하나의 선언에 지나지 않는다. 이런 논증을 구성하고 평가분석하려면 일단 주어진 문제의 쟁점이 무엇인지를 파악하는 작업이 우선되어야 한다. 그것은 질문을 던져보는 과정을 통해서 얻어진다.

1. 만연체를 피하라

간결하고 선명한 주제문을 통해 자기 주장을 펼쳐라. 논지가 분명하지 않은 문장은 핵심을 모호하게 한다.

2. 문장식의 개요 작성을 생활화하라

나열된 문장들을 논리에 따라 앞이나 뒤로 바꾸다보면 논리성은 저절로 확보된다.

3. 무조건적인 서론 – 본론 – 결론 형식은 피하라

통합논술 문제는 결론을 유추하는 과정을 중시한다. 자신의 주장을 확실히 하려면 머리와 꼬리를 무시하고 바로 몸통으로 덤벼보라. 형식의 파괴를 두려워하지 마라.

4. 입체화 전략으로 튀어라

무조건 서술만 하다보면 글이 밋밋하고 평면적이다. 경우에 따라 좌표나 도표, 그래프, 분포표 등으로 자신의 주장을 선명하게 입체화하라.

자유로운 불꽃 축제 같은 지식의 아름다움

황운천 (동원대학교 사회복지학과 졸업)

통합논술 삼총사 선생님들은 새가 훨훨 날아다니듯 울타리를 넘어 다양한 영역을 자유롭게 어우러지게 해주셨다. 선생님들의 수업은 하나하나의 불꽃도 아름답지만 여러 개의 불꽃들이 만나 더욱 아름다워지는 불꽃 축제 같았다. 여러 개의 영역이 만나는 통합논술은 정답이 없는 예술이고, 지식의 아름다움을 보여준다고 생각한다.

영역 사이의 통로를 보는 안목을 기르다

통합논술수업을 들은 다음 나도 선생님들처럼 멋진 글을 쓰고 싶다고 생각했다. 그래서 수업을 듣는 중간중간 수학의 개념을 국어와 연결지어보거나, 사회나 물리와 연결지어보기도 했다. 종종 전혀 상관없는 주제가 음악 등으로 연결되면 생각의 폭을 어디까지 넓힐 수 있는가를 가늠하는 데 좋은 재료가 되었다. 점차 호기심이 커지면서 사회와 미술, 사회와 건축학을 연결해보기도 했다. 통합논술을 배우기 전에는 영역과 영역 사이를 연결해주는 통로를 보지 못했지만 통합논술을 배우면서 연결 통로를 볼 수 있게 된 것이다.

결과가 아닌 과정을 중시하는 수업

선생님들은 먼저 그날 수업 내용을 간단하게 정리해주셨다. 예를 들어 '르네상스→과학기술혁명→산업혁명→빈부격차→인구론+진화론=사회생물학, 마르크스 이론(→

세국주의 이론)'을 일차적으로 정리해주시고 각 선생님들이 어떤 부분을 강의할 것인지 알려주셨다. 또한 각 파트의 개념 등을 설명해주시면서 중간중간 어떻게 통합이 되는지 알려주셨다. 모든 설명이 끝나면 직접 글을 써보도록 했다. 통합논술이라고 하면 보통 통합한 것을 한꺼번에 얘기해준다고 여기기 쉬운데 그보다는 각 영역이 어떻게 통합이 되는지 그 과정을 이해시켜주는 것이 수업의 핵심이었다.

상상하고 엮어보고 기록하고 통합하기

나는 통합논술수업을 받고 나면 다시 한 번 인쇄물을 읽어보면서 수업시간을 돌이켜보았다. 그렇게 정리한 다음 글을 썼다. 버스를 타고 가면서도 심심하면 머릿속으로 이 개념과 저 개념을 연결해보고 통합이 되는 부분이 있다면 다이어리에 적어두었다. 짧은 글이 여러 개가 모이면 다시 논리에 맞게 긴 글로 통합해보곤 했다.

통합논술수업은 일명 '스카이대'라고 불리는 일류대학에 들어갈 친구들이 주로 들었다. 논술은 상위권에게만 필요하다는 생각 때문이었다. 성적이 최하위권에 속했던 나는 대학입시를 목적으로 들은 것이 아니라 마치 교양수업을 듣듯이 내가 듣고 싶어서 이 수업에 참여했다. 그런데 내가 쓴 글을 다른 곳에서 강의하실 때 자료로 썼다는 말씀을 듣고 무척 뿌듯했다. 듣기 싫고 지루하기 쉬운 학교수업 사이에서 통합논술수업은 지루한 적이 단 한 번도 없었다. 이렇게 갈망하면서 수업을 듣기는 난생처음이었다. 매번 이 수업이 다가오면 즐겁게 긴장하고 호기심에 두근거렸던 기억은 정말 소중한 추억이다.

오래 활용할 수 있는 구체적이고 체계적인 수업

신지원 (고려대학교 자유전공학부 2학년)

논술은 학교수업만으로 준비하기 힘든 데다 사교육비도 비싸고, 학습효과도 단기간에 나타나지 않아 관심은 있어도 하기가 쉽지 않았다. 마침 동북고등학교에서 교육 나누기-통합논술수업을 하고 있어서 3학년 때부터 통합논술수업을 계속 들었다.

표현능력을 키우고 새로운 관점을 발견하다

논술수업은 활동적이고 역동적이었다. 일반 수업과는 달리 자유롭게 발표하는 재밌는 수업이었다. 임진왜란 당시의 상황을 묘사한 소설 『남한산성』을 읽고 강방식 선생님이 쓰신 독후감을 읽기 자료로 보여주신 적이 있었다. 백성들이 민병으로 투쟁하는 모습이 아니라 하루하루의 삶을 걱정하는 모습에 주목하고, 영화 〈황산벌〉에서도 마지막 장면에서 계백 장군이 탈주를 허락한 백성이 도망가는 모습에 주목하신 것에 놀랐다. 보통은 백성들의 충심에 관심을 기울이게 마련인데 그것보다는 생존의 문제에 주목한 내용이었다.

발표를 많이 할 수 있는 분위기라 내 주장을 표현하는 능력도 많이 기를 수 있었다. 또한 한 주제를 간학문적으로 설명해주셨다. 예를 들어 『멋진 신세계』라는 책을 읽고 난 후 과학문명의 발달과 관련된 것만 생각하는 것이 아니라 작품 내의 인종차별, 성차별 등 새로운 관점으로 작품을 해석할 수 있는 다양한 이정표를 제시해주셨다.

글쓰기가 더이상 막막하지 않다

논술이라고 하면 글쓰기나 분석력에 재능이 있어야 한다고 생각했기 때문에 글쓰기에 재능이 없던 내가 잘할 수 있을지 걱정이 많았다. 하지만 논술을 위한 자신만의 사고방식과 개념의 틀, 지문에서 말하는 내용의 요지를 각각의 주제로 묶고 범주화하는 방법, 자신의 의견을 한 번 더 검증하고 비판해 생각을 발전시키는 방법을 배울 수 있게 되어 많은 도움이 되었다. 글을 잘 쓰는 편이 아니었던 나는 논술수업으로 실력이 많이 좋아졌고, 논술일반 우수자 전형으로 대학에 합격했다. 대학에 들어와서도 리포트와 글쓰기 수업에서 선생님들께 배운 내용이 정말 많은 도움이 되고 있다. 구체적이고 체계적인 수업이었기 때문에 지금도 잊지 않고 잘 활용하고 있다.

배운 개념과 지적 사항을 글쓰기에 적극 활용하다

선생님들은 수업을 하실 때마다 하나 이상의 개념이나 배경지식을 알려주셨는데, 그날 글쓰기를 할 때 수업에서 나온 개념을 적용하려고 노력했다. 예를 들어 글보다 그래프가 더 효과적으로 의미를 전달할 수 있다고 배운 날은 그래프를 통해 경제의 수요곡선과 공급곡선을 그려 내가 전달하고자 하는 의미를 나타냈다. 또한 내가 쓴 글에 선생님이 적어주신 첨삭글을 읽고 부족한 부분을 고치려고 많이 노력했다.

무엇보다 선생님들이 가장 강조하신 부분은 개요 작성을 꼼꼼히 하라는 것이었다. 개요를 문장형으로 작성해서 문장의 길이가 어느 정도 될지 가늠하는 것도 중요하다고 하셨고, 주제를 설정해 범주화하면 깔끔한 글이 될 수 있다고 알려주셨다. 마지막으로 자신의 주장에 오류가 있는지 스스로 반박해보는 것도 잊지 않아야 할 사항이다.

죽은 역사도
되살리는
꿈의 강의노트

최태성 선생님
서울 대광고등학교 역사교사

01

나를 알고
세상을 알게 되는 역사시간

"역사에는 여러 가지 '사실^{fact}'이 있습니다. 흔히 사람들은 그 사실들을 암기하는 것이 역사공부라고 생각합니다. 중고등학교 시절 사실들을 암기했지만 성인이 되었을 때, 과연 그것들을 얼마나 기억하고 있을까요? 다 잊었을 겁니다. 그건 지극히 정상적인 일입니다. '주체'가 사라진 사실은 의미가 탈색된 기록이기 때문입니다. 정말 중요한 건 사실과 사실을 이끌어나가는 '사람'입니다. 그런 점에서 우리는 사실이 아니라 사람에 주목해야 합니다. 과거의 역사적 사실 속에 담긴 사람, 사람들의 고뇌와 선택에 주목하는 것이 진정한 역사공부입니다."

역사를 배우는 이유는 우리 그리고 나를 알기 위해서다. 어떻게 살아가야 할지에 대한 교훈을 얻기 위해서다. 조선시대, 태안반도에서 물길 공사가 있었다는 기록이 있다. 태안 앞바다는 곡창시대인 호남지역의 세곡을 서울까지 운반하는 난코스였다. 유속이 빠르고 파도가 높아 종종 세곡선이 침몰하는 장소였다. 태안반도의 물길 공사는 당대의 중대한 국책사업이었던 셈이다. 하지만 기술력과 비용, 인력 조달의 문제로 과업을 이루지 못했다. 태안반도 물길 공사를 현재 진행되고 있는 4대강 사업과 연관지어본다면 어떨까? 당시 어떠한 논의들이 있었는가, 지금의 4대강 사업을 두고 어떤 논의들이 진행되고 있는가. 역사는 미래의 교훈을 주고, 곰삭혀 해석하면 현재의 문제 해결을 위한 지혜로 삼을 수 있다.

역사는 곧 사람이 걸어온 흔적이다. 그들은 어떤 상황에서, 왜 그런 생각과 행동을 하게 되었을까? 그것은 어떤 결과를 가져왔는가. 이런 의문을 던지고 답을 찾아가는 과정에서 자연스럽게 지금의 나와 우리를 알게 된다. 그렇게 역사를 공부하다보면 내가 어떻게 사회를 바라봐야 하는지 어떻게 행동해야 하는지 알게 된다. 자신의 고유한 생각과 철학, 관점으로 세상을 바라보며 해석할 수 있는 힘이 생기는 것이다.

그런 점에서 최태성 선생님은 과거를 통해 현재를 바라보는 안목을 길러주는 역사과목의 목표를 '민주시민의 양성'이라고 말한다. 역사 속의 모든 사실들은 이러한 목표를 향하고 있다. 단순히 역사적 사실을 나열하기만 한다면 그것은 죽은 역사다. 자신이 살아가는 세상과 시대정신을 지혜롭게 바라보고 분석할 줄 아는 사

람, 다른 누군가의 생각이 아니라 진짜 나의 생각을 제대로 말할
수 있는 사람이 바로 건강한 민주시민이다. 역사과목은 '민주시민
양성'을 위해 존재한다.

02 사람과 소통할 때 역사는 되살아난다

대광고등학교 등굣길. 청바지에 운동화 차림의 선생님이 교문에 서서 학생들과 정겹게 인사를 한다. 아침밥 안 먹었으니 빵을 사달라는 학생, 일요일에 선생님의 인터넷 강의를 들었다며 센스 있게 인사말을 날리는 학생, 살그머니 뒤로 와서 선생님을 껴안는 학생 등 그야말로 자유분방한 사제지간이다. 이 훈훈한 풍경 속의 선생님은 EBS 수능강의에서 "역사는 최태성입니다"라고 인사하는 그 최태성 선생님이다.

'근현대사의 신화' '판서의 본좌'로 불리는 최태성 선생님의 역사수업은 살아 있는 역사 만들기 시간이다. EBS 수능강의를 통해 전국 고등학생들의 전폭적인 지지를 받고 있는 선생님은 일명 '꿈의 강의노트'를 통해 역사를 암기과목이 아닌 이해하는 과목으로 이끌고 있다.

사회를 바라보는 건강한 시선을 지닌 '민주시민 양성'이 수업의 목표인 만큼 최태성 선생님은 역사 속 인물과 현재 아이들의 공통분모를 끌어내서 교감하도록 하는 데 중심을 둔다. 최태성 선생님이 수업 준비를 할 때 가장 고민하는 부분은 과거 역사와 접목할 수 있는 현재의 따끈한 주제 찾기다.

　오늘 준비한 자료는 경기도에서 발표한 '학생인권조례 제정'에 관한 내용이다. 우선 사전적인 의미로만 보면 배우는 사람인 학생은 수동적인 존재인 듯하지만 90년 전 있었던 3·1운동, 6·10만세운동, 광주학생 항일운동을 이야기하며 선생님은 근현대사 속에서 학생이란 어떤 존재였는지 이야기한다.

　3·1운동, 6·10만세운동, 광주학생 항일운동은 우리와 어떤 관련이 있을까? 광주학생운동 때 학생들은 '사회과학 연구의 자유를 획득하자' '식민지적 노예제도를 철폐하자'라는 주장을 했다. 그 당시 주장과 현재 학생인권조례에 나와 있는 내용을 인권이라는 차원에서 비교하면 본질적으로 다르지 않다. 최태성 선생님은 학생들에게 강조한다. 교과서로만 보고 읽는 역사는 이미 죽은 과거지만 나와 연결해 생각하면 역사는 살아난다는 것을.

　"90여 년 전 학생들은 세상을 바꾸는 역사 속의 거인이었습니다. 하늘을 마음껏 나는 독수리 같았지요. 지금의 학생들 역시 독수리입니다. 다만 날갯짓을 힘차게 하면 맘껏 올라갈 수 있음에도

할 수 있다고 믿지 않지요. 갑신정변 때 신분제 폐지를 외쳤던 사람들 중 가장 어린 사람이 19세 소년이었습니다. 그 사실을 학생들이 알았으면 해요. 자신들도 그런 힘을 갖고 있다는 것을요."

학생들은 대부분 학교에서 갑신정변, 동학농민운동의 배경과 그 의의에 대해 사실적 내용을 배운다. 정강14개조, 개혁12조 등을 먼저 배우는 것이다. 그러나 사실에서 사람으로 초점을 옮기면 이야기가 달라진다. 솔깃해지고 공감대가 형성되는 것이다.

잘나가는 집안에서 자란 김옥균이 문벌의 폐지, 인민평등 등 자신의 기득권 폐지를 주장한 것은 신분이라는 봉건의 굴레, 그 속박의 굴레를 물려주지 않겠다는 의지에서 비롯되었다. 아시아 최강 부대인 일본군에 맞서 만주 벌판에서 총을 들고 싸운 김좌진이라는 사람의 목표는 결국 식민지 조국을 자식들에게 물려주지 않겠다는 것이었다. 그것은 나의 꿈이 아닌 우리의 꿈이었다. 따라서 우리 세대의 역사적 과제를 이것과 연결지어 생각해보는 것이 역사를 가르치고 배우는 이유다.

최태성 선생님이 생각하는 역사는 사람들이 만들어낸 시간의 결과물이다. 그러므로 역사를 제대로 보려면 당연히 인과관계를 통해 기승전결에 맞춰 사건이 흘러가는 모습들을 정확히 조명하는 것이 필요하다. 스토리텔링 방식이 역사수업에 가장 적합하다고 생각하는 이유다. 사람에 초점을 맞추어보면 굳이 제도를 외우거나 사건의 맥락을 이해하기 위해 고군분투하지 않아도 된다.

"과전법科田法, 직전법職田法 문제를 예를 들어 생각해볼까요? 세조가 전현직 관리에게 주던 연금을 현직 관리에게만 주는 제도로 바꿨어요. 그랬더니 어떻게 되었나요? 현직 관리들이 노후 준비를 하기 위해 백성들을 착취하기 시작했지요. 그 다음 단계는 무엇일까요? 당연히 국가의 개입입니다. 관리가 백성을 착취하니까 세금을 관리에게 내지 말고 국가에 내게 하는 것이죠. 국가는 그걸 받아서 다시 관리한테 나눠주고, 좀더 나아가 아예 국가가 직접 관리에게 생계비를 지급했습니다. 이것이 녹봉, 바로 월급의 기원입니다. 이런 상황을 이해하지 않고 역사적 사실들을 개념으로만 외우려면 정말 골치 아프죠. 그리고 한낱 과거의 일로, 단편적인 지식으로만 남게 되는 겁니다."

역사는 지나간 시대의 사실, 제도가 아니라 사람에 관한 이야기다. 그 사람들과 소통하고 이해하는 것에서 출발해야 한다. 때문에 역사는 이해력과 함께 해석하는 능력이 필요한 과목이다. '왜?'라는 의문을 갖고 결과에 대한 이유를 추론해보는 것이 역사를 제대로 공부하는 방법이다. "나라면 이 문제를 어떻게 해결할 것인가? 나는 이렇게 했을 것 같은데, 그 당시 사람들은 왜 그렇게 했을까?" 이처럼 끊임없이 왜라는 질문을 던지는 순간, 우리는 사실을 암기하는 게 아니라 사람을 이해하게 된다.

『삼강행실도』를 예로 들어보자. 『삼강행실도』는 대개 어느 부인이 정절을 지키자 감복하여 열녀문을 세웠다거나, 고려말 왜구가 쳐들어오자 정절을 잃지 않기 위해 자결한 여인을 기념하는 비를 세웠다는 내용이다. 그 여인들은 왜 그렇게 반응했을까. 또 왜 여인을 위한 기념비를 세웠을까를 생각해보면 당시의 여성상과 사회상을 알 수 있다. 그리고 그 여성상이 현재의 나와 어떤 관련이 있는지, 지금 여성들에게 사회가 강요하고 있는 여성상은 무엇인지까지 논의가 확장된다.

왜라고 묻는 것은 논리적이고 객관적인 사고를 위한 훈련에도 좋다. 타인의 사고나 행동의 원인을 추론하고 상상하면서 결론을 이끌어내는 데 큰 도움이 된다. 암기 위주로 달달 외웠던 사건과 용어 들은 잊히게 마련이다. 그러나 나와 연결시키고 왜라는 질문을 던지며 공부했던 그 시대 사람들의 고민은 절대 잊을 수 없을 것이다. 과거의 일을 오늘의 관점에서 바라보는 연습을 통해 세상을 보는 자신만의 안목을 갖는 것. 이것이 바로 대학 입학사정관제가 요구하는 능력이고 우리가 역사를 공부하는 이유이기도 하다.

03 칠판, 한눈에 들어오는 꿈의 노트가 되다

최태성 선생님의 수업시간에는 조는 학생들이 없다. '판서의 본좌'라는 별명답게 특별한 판서가 졸 틈이 없게 만든다. 선생님은 색색의 분필을 손가락에 끼고 중요한 용어나 대목은 단번에 눈에 띄도록 글자에 색을 입힌다. 난데없이 벤다이어그램을 그리기도 하고 수학공식을 이용하기도 한다. 텍스트로 나열되었던 역사적 사실이 어느 시기에 해당되는지, 어떤 흐름으로 이어지고 있는지 역사 설계도가 촘촘하게 채워진다.

역사적 사건과 인과관계를 유기적으로 구조화한 선생님의 판서는 마치 한눈에 들어오는 시각디자인 작품 같다. 선생님의 판서를 보면 한국사를 '단번에' 사로잡을 수 있다. 철저한 준비와 연구, 연습의 결정체인 선생님의 판서는 학생들의 꿈의 노트로 거듭난다.

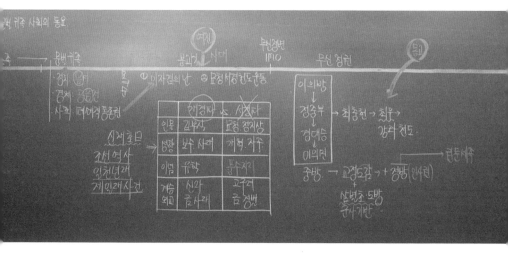

　"역사과목의 본질을 지키는 수업을 하면서도 현실을 무시할 수 없으니까 수능에도 부족하지 않은 강의를 하고 싶어요. 제가 연구한 내용의 판서를 토대로 학생들이 강의노트를 만들게 하는 것이죠. 수능시험장에 이 노트를 가지고 갈 정도로 믿음을 주는 강의노트 말입니다."

　학생들은 스프링 노트와 색색의 펜을 준비한다. 가로로 펼친 노트에 선생님의 판서 내용을 그대로 필기하고, 설명을 덧붙여 정리하면 된다. 강의노트를 오답노트로 활용해도 좋다. 문제집을 풀다가 틀린 부분을 해당 뼈대에 계속 정리해놓으면 대한민국 최고의 근현대사 요약노트가 된다. 최태성 선생님이 쓴 근현대사 관련 교재보다 더 훌륭한 나만의 비밀병기가 되는 것이다.

처음 최태성 선생님은 사교육 시장에 열광하는 학생들을 바라보며 역사를 어떻게 가르쳐야 할지 고민했다. 선생님 눈에 들어온 역사과목 강의는 먹기 좋게, 완벽하게 세팅된 인스턴트 식품 같았다. 학생들은 그저 입만 벌려 받아먹으면 되는 것으로 알았다. 인터넷 강의는 표면적으로 1:1의 형태를 띠지만 기본적으로 일방적인 강의다. 강사가 강의를 쏟아내기만 할 뿐 학생들이 그 내용을 어떻게 수용하게 할 것인지에 대한 고민은 없었다. 자기주도학습이 쉽지 않은 구조였다.

"인터넷 강의의 일방성을 제거하고 싶었습니다. 나아가 학생들 스스로 공부할 수 있는 방법을 강의에 적용할 수 없을까 고민하게 되었죠. 그래서 생각해낸 방법이 바로 '노트'입니다. 인터넷 강의뿐만 아니라 일반 교실에서도 학생들이 능동적으로 참여할 수 있는 방법이 될 수 있겠다는 판단이 서더군요. 또 교재 수익을 낼 필요가 없는 공교육 교사로서 교재 수익 부분을 학생들에게 돌려줘야겠다고 생각했습니다."

사설 학원이나 인터넷 강의 수강을 할 때는 반드시 학원 교재도 구입해야 하기 때문에 사교육 시장은 강의 자체 수익뿐만 아니라 교재 수익도 어마어마하다. 이것이 사교육 시장에서 노트를 핵심으로 하는 강의법을 볼 수 없는 이유다. 학생이 노트에 강의 내용을 정리하는 것은 얼핏 생각하면 특별할 것도 없는 지극히 고전적인 방법이다. 또한 강의 내용을 받아 적거나 참고서에 나와 있는 텍스트를 그대로 옮겨 적는 노트 필기는 예전부터 해온 고리타분한 방식이다. 그렇다면 노트 필기를 어떻게 해야 할까.

선생님은 판서를 통해 강의 내용의 뼈대를 제공하고, 학생들이 살을 붙여 자신만의 노트를 만들어가도록 했다. 단, 기존 참고서 요약 부분을 옮겨놓는 식의 판서는 지양한다는 원칙 아래 교사 최태성만의 4대 판서 규칙을 정했다.

1. 구조화의 힘

여기저기 흩어져 있는 개념들을 시각적으로 이해하기 쉽게 구조화한다. 보기에도 근사하게 구성해 학생들 스스로 노트 필기에 대한 자신감과 뿌듯함을 느끼도록 신경 쓴다.

2. 한판 승부

칠판 한 판=노트 한 쪽=한 시간 수업 내용. 한 시간 수업 내용을 노트 한 쪽 분량으로 정리해 칠판 한 판에 판서한다. 판서를 썼다 지웠다 하지 않고 한 시간 수업 내내 학생들이 볼 수 있도록 한다.

3. 여러 색으로 폼 내기

여러 색깔의 분필을 활용해 시각적으로 예쁜 판서를 지향한다. 그래야 학생들의 노트 필기도 검정색에서 벗어나 색색으로 폼나게 살아난다. 무엇보다 학생들이 자신이 만든 노트를 소중히 여겨야 한다는 것이 중요하다. 때문에 나름대로 정성껏 만들어 예쁜 결과물이 나와야 한다는 것을 늘 염두에 둔다.

4. 진화하는 판서

매 시간 판서 내용을 카메라에 담는다. 자신의 수업을 복기하는 것이다. 혹시 빠뜨린 것은 없는지 틀린 것은 없는지 확인한다. 다음 시간 더 멋진 판서가 나오길 기대하며 즐겁게 보완한다.

최태성 선생님의 판서는 늘 진화한다. 똑같은 패턴의 강의를 계속 반복하는 것은 가르치는 사람도 재미없는 일이다. 처음엔 학생들에게 폭발적인 호응을 얻었더라도 시간이 지나고 이것이 반복되면 반응이 떨어진다. 판서를 구조화하는 교사 자신이 판서 작업을 통해 성취감을 느껴야 학생들도 따라온다. 최태성 선생님은 우선 6종 교과서 내용을 모두 파악하고 흩어져 있는 역사적 사실을 알기 쉽게 구조화한다. 판서 내용은 물론 모든 수업 내용을 외우고 수업에 임하는 것 또한 선생님의 철칙이다.

"학생들과 일대일 대화를 하고 살아 있는 강의를 하려면 교사가 반드시 수업 내용을 숙지한 상태여야 합니다. 대본이나 강의노트가 있으면 그것에 신경 쓰여 정작 강의 자체가 죽게 되지요. 수업 내용을 온전히 세 것으로 만들기 위해서는 꼭 연습하고 수업에 들어가야 합니다. 그래야 가르치는 저 자신부터 수업에 몰입할 수 있어요."

04 역사교사의 목표가 '1등급 만들기'일 수는 없다

최태성 선생님은 EBS 강의를 시작한 지 12년째다. 명실공히 대한민국 역사과목 최고의 강사다. 지금까지 선생님의 EBS 강의를 들은 수강생이 100만 명을 넘고 2010년 수능 응시생 약 15만 명 중에 선생님의 근현대사 강의를 들은 학생이 10만 명으로 집계됐다.

10여 년 전 최태성 선생님은 '텔레비전에 내가 나왔으면 정말 좋겠네 정말 좋겠네' 이런 소박한 마음으로 EBS 역사 강의를 시작했다. 그런데 어느 학생의 수강 후기가 선생님을 바꿔놓았다. "사교육에서 만든 인터넷 강의를 수강하는 친구를 보면 EBS를 보고 있는 내가 초라해진다"는 내용이었다.

"이 글을 읽는 순간 퍽 하고 뒤통수를 맞은 것 같았죠. 정신이 번

쩍 들며 '아, 내가 호기심으로만 강의를 해서는 안 되겠다. 진짜 아이들에게 명품 강의, 최고의 강의를 해줘야겠다'는 생각을 하게 된 거죠. 그때부터 정말 많이 연구했습니다. 아이들이 선호한다는 사교육 인강(인터넷 강의)이란 인강은 다 들어보고 장단점을 파악해 제 강의에 녹아들 수 있도록 노력했죠. 그리고 아이들에게 이야기했습니다. 내 강의가 최고다, 내 강의를 들으면 반드시 1등급을 받는다."

세월이 흘러 선생님은 실제로 사교육 인터넷 강의를 눌렀다. 명실상부 역사 '1타 강사', 가장 빠른 시간 내에 강의가 마감된 강사, 즉 수강생이 가장 많은 강사는 사교육 현장이 아니라 공교육을 보완하는 EBS 강의에 있다고 선언하게 된 것이다.

그런데 소기의 목적을 달성한 선생님은 또다시 고민에 빠졌다. 학생들에게 자신감을 준다는 명분으로 '내 강의 들으면 무조건 1등급'이라고 말하는 자신의 모습과 맞닥뜨린 것이다. 1등급은 4퍼센트로 정해져 있는데 자신의 강의를 듣는 모든 학생이 1등급이 될 수는 없는 노릇이다. 그것은 일종의 거짓말이었음을 깨닫게 된 것이다. 아이들이 역사 점수를 잘 받도록 하기 위해 만든 강의였는데, 그 목표에 정당성을 부여하기 어려웠다.

그렇게 강의 목표를 다시 고민한 후 선생님이 생각하게 된 목표가 바로 한국교육과정평가원의 책자 속에 적힌 문구였다. 바로 '민주시민의 양성'이란 문구였다.

그는 소수의 아이들이 우리 사회의 리더가 되었을 때, 나머지 아이들이 소수의 지도층을 견인하고 견제하고 감시할 능력이 있어야 한다고 생각했다. 소수 지도층의 생각이 마치 자신의 생각인 양 착각하고 휩쓸리는 9등급이 아니라, 'No'의 근거를 제시할 수 있는 건강한 민주시민을 양성하는 데 일조하고 싶었다. 아이들이 경쟁과 효율보다 연대와 배려를 실천할 줄 아는 건강한 리더로 성장하도록 도와야 한다고 여겼다. 그때부터 그의 강의는 몇 등급을 받느냐가 아니라 역사과목 본래의 목표에 초점을 맞추게 되었다. 그것이 역사 본래의 목표이고, 역사수업은 당연히 그래야 한다고, 최태성 선생님은 생각한다.

1. 공부한 내용은 반드시 체계화한다

역사는 배운 내용을 부분적으로 조직화하고 구조화한 다음, 전체를 통합하는 방식으로 공부해야 한다. 역사적 사실들의 연결고리를 찾아 맥락을 잡아가며 시간의 흐름을 관통해야 한다. 산발적으로 공부하지 말고 맥락을 잡으며 공부하는 것이 핵심이다. 개념 외우기에만 급급한 나머지, 정작 사람들의 행동과 생각이 담긴 내용과 연계하지 못한다거나 우리나라 역사는 잘 외웠지만 세계사와 연결하지 못하는 경우는 시간의 흐름을 놓쳤기 때문이다.

2. 언어능력부터 기르자

모든 공부의 기본은 언어다. 특히 역사는 사료 해석, 사회는 자료 해석이 관건이며, 인문사회 시험은 언어능력을 기초로 하는 문제가 많이 출제된다. 언어능력을 키우려면 단순한 책읽기만으로는 부족하다. 끊임없이 '왜'라는 질문을 던지며 직접적이고 능동적으로 책을 읽어야 한다.

3. 철학공부를 잊지 말자

사람이 알아야 할 모든 것이 철학의 주제다. 철학과 역사는 사람을 이해하고 사람의 고민과 흔적을 공부하는 학문이다. 방학을 이용해 수준에 맞는 가벼운 철학사 책이나 재미있는 철학 개론서를 읽고 개념을 정리해두면 역사는 물론 사회과목 공부에 도움이 된다.

4. 다양한 역사공부법 찾기

딱딱한 텍스트만 고집하지 말고 인터넷 강의 등으로 기본적인 역사의 맥락을 잡아놓은 다음, 문화재 탐방, 신문, 뉴스, 드라마, 다큐멘터리 보기 등 여러 가지 공부 방법을 적용해본다. 또한 현재의 사회적 이슈와 비슷한 사례를 역사적인 사건들에서 찾아보는 것도 도움이된다. 공무원 연금제도 개정 문제를 조선시대 과전법·직전법에 연결시켜보고, 자유무역협정(FTA) 체결 이슈는 무관세 조약이었던 강화도 조약과 비교해보는 것 등이 그것이다.

5. 팀별 토론 훈련

논리력과 상상력이 중요한 사회다. 특히 역사과목은 혼자 공부하는 것만으로는 한계가있다. 팀을 만들어 하나의 주제를 놓고 토론하는 공부법을 권하고 싶다. 왜라는 질문을끊임없이 던지며 나와는 다르게 생각하는 사람들의 이야기를 듣다보면, 서로의 사고방식을 이해하게 될 뿐만 아니라 사고력과 상상력이 넓어진다.

6. 책을 즐기기 위해 읽고 피드백하라

과거의 역사적 사실들을 교과시간에 공부하는 것도 중요하지만 재미있게 해석해놓은책을 먼저 보는 것도 좋다. 즐기기 위해 읽어라. 역사적 지식을 쌓는 것이 아니라 즐기기 위해 역사책을 읽는 것이 좋다. 기본적인 개념을 아는 것은 공부의 기본이고, 개념들을 조합하는 과정에서 비슷한 사례들을 발견하고 분류하다보면 해석은 저절로 가능해진다. 어렸을 땐 역사만화책도 도움이 된다.

7. 개인 블로그에 리뷰하는 습관을 기르자

블로그에 리뷰를 모아두면 부모 입장에서는 자녀의 사고 변화과정을 살필 수 있어 좋고, 학생들은 자신의 사고 과정의 변천사를 한눈에 파악할 수 있어서 좋다. 리뷰를 쓰는 것은 자신의 생각을 정립하기 위한 하나의 훈련이기도 하다.

·· 수능 사회탐구영역 **4단계 전략**

1. 마라토너 주파법을 적용하라

사회탐구영역 공부법은 마라토너 주파법과 같다. 차근차근 개념이 확실히 잡혀 있어야 한다. 어려운 문제를 풀거나 심화 강의를 듣는 것은 모두 나중 문제다. 여름까지 성적이 나오지 않는다고 해서 서두를 필요는 없다. 마라토너를 떠올려라. 처음부터 스퍼트를 내는 마라토너는 없다. 개념을 공부하다보면 자꾸 문제를 풀어서 자기의 위치를 확인해보고 싶은 욕구가 생길 것이다. 물론 문제를 풀면 바로 효과를 볼 수 있지만 1등급을 맞기는 어렵다. 결정적인 문제에서 흔들리기 때문이다. 개념 잡기가 탄탄하면 마지막에 빛을 본다.

2. 나만의 강의노트 만들기

교과서에 여러 가지를 적어두거나 노트처럼 사용하지 마라. 역사적 개념들을 정리한 자신만의 독창적인 강의노트를 만들어 끊임없이 살을 붙여 나가는 것이 좋다. 그 노트는 돈을 주고 살 수도 팔 수도 없는 보물이 될 것이다.

3. 단원별로 분리해서 기출문제 풀기

제일 먼저 교육청이나 평가원에서 나온 기출문제를 푼다. 무작정 풀지 말고 구석기는 구석기끼리, 근현대사는 근현대사끼리 유형별로 기출문제를 묶어 푸는 것이 요령이다. 사설업체 문제 풀이는 그 다음이다.

4. 잘 정리된 인터넷 강의 듣기

잘 정리된 강의를 듣는 것은 흐름을 잡는 데 도움이 된다. 다만 인터넷 강의는 일방향인지라 수동적이다. 때문에 들을 때는 연필과 노트를 준비한다. 선생님이 던지는 '왜'에 자신의 질문과 또다른 '왜'들을 노트에 적는다. 강사와 적극적으로 대화를 나누려는 자세가 필요하다. 단, 절대 인터넷 강의에 중독되어선 안 된다.

5. 강의가 끝난 후 노트를 보면서 복습하기

복습할 때는 두 가지를 주의해야 한다. 첫 번째, 눈으로만 보지 말고 소리 내어 읽어 귀에 들리도록 한다. 강의 내용이 머릿속에서 생생하게 되살아날 것이다. 두 번째는 노트에 있는 내용만 읽는 것이 아니라 그 사이의 인과관계를 떠올리며 스토리를 만들어 읽어야 한다. 모든 강의가 그렇겠지만 특히 사회탐구영역 강의는 인과관계에 의해 설명된다. 그런데 이 인과관계는 노트에 드러나지 않는다. 강의를 들으면서 하는 필기는 사실의 나열일 뿐이다. 중요한 것은 사실이 아니라 인과관계이므로 복습할 때에는 강의에서 설명한 인과관계를 찾아내 읽어야 한다.

졸업생에게 듣는다

타임머신 기장과 함께하는 이야기 현장 속으로

박나은 (이화여자대학교 정치외교학과 졸업)

최태성 선생님의 강의를 들은 후로 역사를 보는 눈이 확 달라졌다. 역사 속 인물들과 눈을 맞추고, 그들의 이야기를 들을 수 있게 된 것이다. 새로운 조선을 만들겠다는 포부로 가득 차 있던 개화파들의 형형한 눈빛, 나라를 지키기 위해 자신의 모든 것을 걸었던 의병들의 비장한 입 모양, 양팔을 힘껏 벌려 온몸으로 광복의 환희를 소리쳤던 사람들. 흑백사진과 글 속에 정지해 있던 그들이 살아 움직이기 시작했다. 교과서를 한 장, 한 장 넘길 때마다 자신의 시대를 치열하게 살았던 사람들의 진한 땀 냄새와 거친 숨소리가 그대로 전해졌다. 그러자 역사는 더이상 힘겹게 외워야 할 과목이 아니었다. 서로 다른 시간을 축으로 사람들이 어떤 세상을 꿈꿨는지 보여주는 흥미로운 이야기가 되었다. 당시 사람들은 자신들에게 닥친 상황을 해결하기 위해 어떻게 행동했고, 어떤 희망을 품었는지 가장 먼저 생각하게 되었다. 그런 그들의 모습이 현재의 나와 크게 다르지 않다는 사실도 알게 되었다. 그들의 이야기가 단지 과거의 한순간으로 머무는 것이 아니라 지금 여기, '우리'의 이야기로 이어진다는 것을 깨달았다.

질문과 미션 수행 등 선생님과의 적극적인 소통

선생님 강의를 들으면서 조금이라도 궁금한 것이 있으면 바로 Q&A 게시판에 질문을 올렸다. 수업 내용 중 이해가 잘 안 가는 부분도 있었지만 그보다는 역사문제와 그때그때 벌어지는 사회현상에 관한 질문이 많았다. 내신과 수능 대비는 선생님 수업으로 충분했고, 질문을 통해서 역사를 좀더 깊게 공부하고 싶은 욕심이 생겼다. 이러한 방법은 학교 시험은 물론이고, 논술과 면접에도 큰 도움이 됐다. 특히 대학공부는 스스로 질문을 던지고 답을 찾아나가는 과정이기 때문에 고등학생 때부터 이런 공부법에 익숙해진 것이 대학생활에도 도움을 주었다.

나만의 노트 만들기와 역사 다큐 시청

친구들은 내 역사노트를 보고 "참고서보다 더 좋다"고 했다. 나는 선생님의 체계적인 판서를 중심으로 질문과 답변 내용, 수업 관련 자료들을 모두 공책 한 권에 정리했다. 기본적으로 습득해야 할 내용이 많은 역사과목의 특성상, 공부한 내용을 여러 곳에 흩어 놓으면 중심을 잃기 쉽다. 그렇게 꾸준히 역사노트를 만들고 공부하다보니 역사 성적은 더이상 걱정거리가 아니었다. 노트 한 권만 있으면 내신과 모의고사 모두 자신 있게 풀 수 있었다. 그때 만든 노트는 대학에 와서도 늘 참고하는 소중한 자료가 되었다.

역사에 관한 다큐멘터리와 책을 보면서 역사를 보는 눈도 키워갔다. 다큐멘터리를 보면 당시 상황을 좀더 생동감 있게 느낄 수 있기 때문에 역사공부가 어려운 학생들에게 많은 도움이 될 것이다. 다큐멘터리를 볼 때는 그 내용을 외워야 한다고 생각하지 말고, 영화를 보듯 가벼운 마음으로 감상하는 것이 좋다. 영상을 통해 역사의 생생한 현장을 직접 느끼고, 책을 통해 사고력을 키운다면 역사공부에 자신감을 가질 수 있을 것이다.

과거가 아닌 이 시대 이 사회의 역사를 배운다

이준영 (성균관대학교 사학과 졸업)

선생님을 만나기 전부터 역사에 관심이 많은 편이었다. 하지만 그전까지 내가 알던 역사는 박물관이나 유적지에 가야 볼 수 있는 '과거의' 역사였다. 선생님께 국사와 근현대사 수업을 들으면서 비로소 역사라는 것이 지금 내가 살아가는 이 사회의 이야기라는 것을 알게 되었다. 살아 있는 역사를 배웠다고 할까.

흐름과 과정을 이해하고 꼼꼼하게 문제를 분석한다

2학년 때는 큰 흐름에서 역사를 이해하는 방향으로 공부했다. 3학년 때는 수능에 대비하기 위해 문제 풀이를 중심으로 봤는데, 한 문제를 가지고도 꼼꼼하게 분석해주는 강의 방식이 성적을 올리는 데 많은 도움이 되었다. 최태성 선생님과 공부하면서부터는 한 번도 역사적 사건이 일어난 연도나 시기 때문에 괴로워했던 기억이 없다. 흐름을 읽으며 공부하다보면 연도를 외우지 않아도 자연스럽게 사건들의 인과관계가 보였다.

역사과목은 범위가 넓고, 기억해야 할 것들이 많아서 지레 겁먹는 학생들이 많다. 하지만 삶의 조건이 달랐을 뿐, 옛날에도 우리와 같은 사람이 살았다는 것을 기억하면 흥미로운 발견을 할 수 있는 것이 바로 역사공부다. 사건을 암기하는 것이 아니라 그들이 살아온 과정을 이해하는 것이 중요하다. 최근 역사교육이 강조되고 있는 것처럼, 역사를 왜 배워야 하는가에 대한 해답을 찾아가면서 스스로에게 동기부여를 하는 자세도 필요할 것 같다.

지식뿐 아니라 건전한 역사의식 심기

문제 푸는 '스킬'만을 가르쳐주는 것도 아닌데, 선생님이 왜 이렇게 유명해졌을까 생각해봤다. 깔끔한 정리, 꼼꼼한 분석도 중요한 이유 중 하나일 것이다. 하지만 그것이 본질은 아니라고 생각한다. 언젠가 내게 선생님은 자신의 목표는 학생들에게 '건전한 역사의식'을 심어주는 것이라고 하셨다. 문제 푸는 방법을 가르쳐주는 강의에서는 느낄수 없는, 진짜 스승의 자세와 그 열정이 수많은 학생들에게도 통했기 때문에 선생님이 최고의 역사교사가 될 수 있었다고 생각한다.

생각하는 힘을
길러주는 철학적
탐구공동체 수업

이호중 선생님
울산 다운고등학교 도덕교사

01 삶의 난제를 해결하는 또 하나의 지성, 도덕

　도덕수업은 재미없고 교과서 중심의 암기과목에 불과하며, 심지어는 도덕 교과목을 폐지해야 한다는 주장도 나온다. '그간의 도덕교육은 윤리적으로 사고할 수 있는 인간을 기르는 것이 아니라, 국가에 맹목적으로 충성하고 순응하는 인간을 길러내는 교육이었다'는 것이 그 주장의 배경이다. 한 마디로 '도덕은 교과서 내용이나 교육 방식에 문제점이 있다'는 지적이었다.

　재미없는 과목, 시험만을 위한 암기과목, 국가주의 교육을 위한 과목이라는 비판을 받는 문제의 도덕과목을 학생들이 즐겁고 의미 있게 공부하도록 끊임없이 연구하는 선생님이 있다. 이호중 선생님은 도덕 교과서가 좀더 철학적인 물음을 던지는, 과정을 보여주는 교과서로 바뀌어야 한다고 말한다. '가치와 사고'가 교육 과정에 반영되어야 한다는 주장인데, 그렇게 되면 윤리적 쟁점을 철학적으로 사고하고 논술하는 교육도 가능해질 것이고, 자연스럽게 학생들의 관심도 끌 수 있다는 것이다.

"도덕 교과서에는 덕목만 나와 있지 그 덕목이 생기기까지의 과정은 묻지 않습니다. 왜 그런 결론에 도달하게 되었는지 그 과정을 학생들과 함께 생각해보는 것이 더 중요한데 말이죠. 도덕교육을 비판하고 도덕에서 강조하는 덕목을 비판하는 것도 중요하지만, 더 중요한 것은 과정을 다시 생각해보는 것입니다. 결국 도덕은 우리의 실제 삶에서 부딪히는 도덕적 문제를 어떻게 해결할 것인가, 그 기준을 설정하기 위해 배우는 것입니다."

그래서 이호중 선생님은 도덕수업 방법도 많이 바뀌어야 한다고 생각한다. 수업시간에 '왕따는 있어서는 안 된다'고 가르친다고 해서 따돌림이 없어지지는 않는다. 이호중 선생님의 수업시간에는 '지금까지 한 번도 대화를 안 해본 친구'들과 자연스럽게 이야기를 나눌 수 있는 구조로 모둠을 편성한다. 그런 뒤에 그 친구에 대해 새롭게 알아낸 사실을 다섯 가지 이상 말해보게 하고, 대화를 나눠본 소감을 말하게 한다.

평화교육은 평화라는 이름을 걸고는 가르칠 수 없다는 말처럼, 도덕교육은 도덕이라는 이름을 걸고 가르치면 한계가 있다는 생각이다. 도덕교육이 생활의 일부가 되도록 상황을 만들고, 그 속에서 '잘 놀게' 만드는 것이 최선의 도덕교육이라는 것이 그가 주장하는 바다. 따라서 이호중 선생님은 학생들이 왜 도덕과목을 공부해야 하는지, 왜 도덕수업이 중요한지에 대해서 지금까지와는 달리 생각해야 한다고 말한다.

"도덕과목은 '나이, 성별, 직위에 따라 차이를 두는 것은 정당한가?'(삼강오륜) '인간은 존엄한 존재인가?'(인본주의) '민족이라는 개념은 옳은 것인가?'(민족주의)처럼 우리가 당연한 것으로 받아들였던 윤리, 도덕의 문제를 비판적으로 성찰하도록 하는 과목이기도 합니다.

또한 '존엄사는 허용되어야 하는가?' '체세포 복제는 허용되어야 하는가?' '동물 또는 식물에도 권리가 있는가?' '다문화사회에서 결혼이주 여성들에게 한국인으로서의 정체성을 교육시키는 것은 옳은 일인가?' '환경의 이용은 인간의 권리가 될 수 있는가?' 등과 같이 사회 변화에 따라 새롭게 등장하는 다양한 윤리적 쟁점에 대해 시대가 요구하는 윤리의식을 갖게 하는 것입니다. 이처럼 도덕 수업은 다양한 주제와 쟁점 들을 이해하는 차원을 넘어서 보다 근본적인 물음과 대립적인 견해를 포함하기 때문에 발표와 토론 그리고 논술이라는 교육 과정을 거쳐야 합니다. 이 과정을 통해 비판적, 창의적, 고차원적 사고력을 체득하게 되고 삶 속에서 직접 만나는 난제를 해결할 수 있는 지성적 수단을 갖게 되는 것입니다."

02

토론하며 배우는
철학적 탐구공동체 수업

한 해 수업을 미리 계획하고 그것을 학생들에게 예비 교육하는 시간. 이호중 선생님은 학기가 시작될 때 수업의 목표와 내용, 과정, 학생들이 준비해야 하는 사항에 대해 한 시간 동안 자세하게 설명하는 시간을 갖는다. 이런 과정을 철저하게 거치면 매 시간 이루어지는 수업에 대한 준비가 수월해지기 때문이다.

"먼저 교과서 내용을 보고 수업 목표를 잡습니다. 다음으로 수업을 시작할 때 관심을 끌 만한 공동체 놀이와 주제에 맞는 토론 장면을 구상하지요. 학생들에게서 나올 질문을 예상하고, 질문이 나왔을 때 어떻게 수업을 진행할 것인가도 생각해요. 그런 뒤에는 심화시켜야 할 부분을 미리 계획합니다. 마지막으로 간단하고 재미있게 수업을 평가할 수 있는 방법을 생각하지요. 필요에 따라서는 학급마다 있는 도우미 두 명에게 그날 수업을 안내하는 문자를 미리 보내 준비하도록 합니다."

그는 이런 수업을 설계하기 위해 늘 철학, 윤리학, 논리학, 논술, 놀이 관계 등의 관련 서적과 과거에 만들어놓았던 교과 문집을 읽는다. 요즘에는 영화나 대중가요도 많이 참고한다. 자신의 수업에 대한 반응을 모아 피드백을 하거나, 다른 교사의 좋은 수업을 체험하는 다양한 경로도 확보하고 있다. 그중 하나가 전국도덕교사모임이다.

이호중 선생님의 수업은 '철학적 탐구공동체' 방식을 기본으로 토론과 논술 중심으로 진행된다.

"탐구공동체의 목적은 도덕적 판단력을 향상시키는 것입니다. 이를 위해 비판적 사고, 창의적 사고, 배려적 사고를 중요하게 여깁니다. 탐구공동체 방식은 학생들이 더 높은 수준의 사고를 하기에 매우 적절하지요."

탐구공동체 방식은 학계에 오랫동안 잘 알려져 왔지만 실제 수업에서 실천하기는 어려웠다. 토론도 힘든데 사고력을 키우는 글쓰기까지 한다는 것이 교사나 학생에게 큰 부담이 되기 때문이다. 때문에 학생들의 자발적인 참여가 가장 중요하다.

울산 다운고등학교의 도덕수업은 교과서 중심의 암기과목이 아니다. 학교 안에 토론교실이 따로 마련될 정도로 그의 토론수업은 학교 안팎의 주목을 받고 있다. 다운고등학교 특유의 토론수업은 책상을 'ㄷ'자형으로 배치하고, 학생들이 서로 얼굴을 마주보며 대화하는 형식으로 진행된다. 처음에는 어색해하던 학생들도 날이 갈수록 각자의 생각을 자유롭게 말할 수 있는 자신감을 얻었고, 사회를 바라보는 시야도 넓어졌다.

이호중 선생님은 놀이와 일상을 수업과 자연스럽게 연결시키려고 끊임없이 노력한다. 일주일에 하루, 한 시간짜리 수업에서 이루어지는 공동체 놀이를 위해 갖가지 방법을 연구하는데, 그가 늘 들고 다니는 초록상자도 그런 도구다. 그 속에는 수업 장면을 찍기 위한 디지털카메라가 들어 있기도 하고, 학생들을 즐겁게 해줄 달콤한 사탕이 있을 때도 있다.

"학생들은 초록상자에 무엇이 들어 있을지 궁금해하며 공동체 놀이로 수업을 시작합니다. 공동체 놀이는 수업 주제에 대해 학생들이 흥미를 갖고 자발적으로 참여할 수 있도록 해줍니다. 학생들은 처음에는 익숙하지 않은 토론수업에 흥미를 갖지만, 날이 갈수록 흥미가 떨어지므로 토론수업을 유지하는 일이 여간 어렵지 않습니다. 그래서 지속적으로 학생들의 관심을 불러일으킬 수 있는 장치가 필요하지요. 공동체 놀이는 그런 장치 중 하나로, 학습에 대한 흥미뿐만 아니라 놀이를 통해 사고하고 다른 친구들과 어울릴 수 있는 분위기를 만들어줍니다."

어린아이들은 말을 배운 뒤에는 어른들이 귀찮아 할 정도로 질문을 연발한다. 학생들도 자발적으로 공부하려면 스스로 질문을 던져야 한다. 내 생각과 친구의 생각이 과연 합리적이고 논리적인지를 질문하는 과정에서 생각하는 힘을 기를 수 있다. 질문에는 배경지식과 관점, 질문의 목적, 질문자가 무엇을 중요하게 여기는지가 분명히 드러나므로 질문은 모든 사고의 문을 여는 열쇠와 같다.

학생들은 수업시간에 무엇을 토론할 것인가를 결정해야 한다. 그래서 학생들은 수업에 앞서 토론할 질문을 만들어온다.

"질문 만들기가 가장 중요한 과제입니다. 학생들에게 자기 일상과 관련된 문제를 도덕과목과 연결시켜 질문을 만들어오라고 요구하지요."

학생들은 질문을 통해 도덕적 주제를 스스로 고민하기 시작한다. 이는 윤리적 문제에 대한 학생들의 관심과 실천력을 높여준다. 수업이 시작되면 각자 준비해온 질문을 발표하고, 투표를 통해 가장 많은 표를 얻은 질문을 논제로 토론을 벌인다. 예를 들어 학생들이 수업 주제로 준비한 '현대사회와 청소년 문제'라는 질문은 이렇다.

─인터넷에서 사귄 친구는 실제 친구인가, 가상의 친구인가?

－청소년 문제 해결을 위해 사회는 어떤 노력을 해야 하나?

－청소년 범죄 처벌이 성인보다 약한 것이 옳은가?

－언제까지를 청소년기라고 할 것인가? 신체적 성장이 끝나는 시기까지가 청소년기인가?

이처럼 질문 만들기를 통해 학생들은 도덕적 주제에 대해 스스로 생각하고 고민하면서 학생 위주의 수업을 만들어간다. 선생님이 준비한 일방적 논제가 아닌, 자신들이 선택한 주제이니 만큼 학생들의 수업 참여도도 높아지고 토론 또한 한층 더 열기를 띤다. 이때의 토론은 흔히 생각하는 찬반토론이 아니라 비판적이고 심층적인 사고를 위한 토론이기 때문에 학생들은 유쾌하게 토론수업에 빠져든다.

이호중 선생님의 수업 방식에 대해 경상대 윤리교육과 박진환 교수는 이렇게 평가한다.

"이호중 선생님 수업의 특징은 도덕이라는 교과에 철학적 탐구 공동체를 접목시켜 학생들 스스로 공부하도록 하는 것입니다. 그리고 됨됨이와 생각하기를 동시에 길러준다는 목표를 만족시키고 있지요. 사실 고등학교에서 도덕과목은 수업시간이 많지 않고 한 선생님이 여러 학생을 상대로 가르쳐야 하는데, 그런 불리한 조건에서 이런 수업이 가능하다는 것을 보여줬다는 점에서 굉장히 중요한 의미가 있습니다.”

　강의식 수업은 많은 양의 지식을 전달하는 데는 효과적이지만,
학생들이 비판적으로 생각할 수 있는 기회를 막아버리기도 한다.
교사와 학생, 학생과 학생 사이에서 쌍방향 소통이 가능한 수업이
라면 학생들은 비판적으로 사고할 수 있다. 주위에서는 일주일에
한 시간뿐인 수업을 토론수업으로 하면 교과 진도가 가능하냐고
지적하기도 한다. 하지만 토론식 수업에서는 교과서를 안 보니까
학생들이 스스로 교과서를 더 열심히 본다. 시험 결과도 대체로 좋
게 나온다.
　교과서로 강의식 수업을 하지 않아도 학생들은 토론을 통해 교
과서 내용을 자연스럽게 이해하고, 오히려 더 깊이 사고할 수 있다
는 것이다.

03 찬반토론을 하지 않는 토론이 가능할까?

처음에 어떤 이들은 반 학생 모두가 참여하는 토론이 가능한지 의문을 나타내기도 했다. 이호중 선생님은 책상을 'ㄷ' 자형으로 배치해서 서로 얼굴을 마주보며 대화하는 분위기로 이 문제를 해결했다.

"우린 찬반토론은 하지 않습니다. 찬반양론은 이미 입장에 따라 결론이 나 있고, 토론과정에 서로 자기 주장만 외치다가 감정이 상해 끝나버리는 경우가 많기 때문입니다. 우리는 비판적이고 심층적인 사고를 하기 위해 토론합니다."

선생님보다 학생들이 주도적으로 이끌어가는 수업, 자신의 생각을 말하고 쓰는 데 거침없는 학생들, 그런 학생들을 위해 묵묵히 중간에서 다리 역할을 하는 교사. 이것이 이호중 선생님의 수업 특징이다.

'현대사회와 청소년 문제' 단원을 공부할 때도 먼저 공동체 놀이로부터 시작한다. 현대사회에서 가장 심각하다고 생각하는 청소년 문제를 한 가지씩 발표하게 하는데 발표는 먼저 발표한 학생이 다음 발표자를 지명하는 방식으로 이루어진다. 발표를 원하는 학생이 많으면 도우미 학생이 순서를 정해주고, 발표가 저조할 때는 도우미 학생이 발표 기록지를 보고 평소에 발표를 적게 한 학생에게 먼저 기회를 준다. 학생들은 이미 교과서를 충분히 읽었기 때문에 군이 교과서를 펼치지 않아도 다양하게 청소년 문제를 제시한다.

발표가 끝나자, 선생님이 초록상자를 열고 미리 준비해둔 청소년 문제 카드를 하나씩 꺼내 보여준다. 카드에는 과소비, 인터넷 중독, 흡연, 음주 등 학생들이 이미 발표한 것과 대부분 일치하는 문제가 적혀 있다.

흡연, 자살, 성관계, 왕따, 학교폭력, 외모지상주의, 게임중독, 가출, 불량서클, 음주 등 학생들이 발표한 청소년 문제를 보고 토론 주제를 질문형식으로 만들게 했다. 이날의 토론 논제는 '청소년 범죄 처벌이 성인보다 약한 것이 옳은가?'였다.

교사: 먼저 토론 규칙을 정해보겠습니다. 이유를 대며 1회 이상 말하기. 수업에 들어왔으면 한 번 정도는 내가 살아 있다는 것을 증명해줘야죠?

의견을 말할 때 보통 이유가 부실한 경우가 많잖아요? 이유를 꼭 말해야해요. 오늘은 '질문에 대해 질문하기'를 해봅시다. 친구가 의견을 얘기하거나 질문을 했을 때 그 의미가 무엇인지 다시 물어보는 거예요.

교사: 우선 오늘의 토론 논제를 제안한 수경이한데 질문을 만든 배경을 들어봅시다.

수경: 청소년들은 아직 미숙한 인간에 속해요. 그래서 청소년들은 범죄를 저지르면 강하게 처벌받지 않고 청소년을 위한 시설에서 상담을 받고, 그곳에서 몇 달이든 며칠이든 있죠. 청소년도 인간이고 잘못을 했으면 벌을 받아야 마땅한데, 청소년이라는 이유로 많은 혜택을 받고 있습니다.

교사: 청소년 범죄자를 약하게 처벌하는 것을 하나의 혜택으로 보고 있네요. 과연 그것이 정당한가요? 여러분, 이것에 대해 별로 생각을 안 해봤죠? 그냥 당연하다고 생각했는데, 충분히 토론거리가 될 것 같아요. 여러분이 생각할 동안 선생님이 질문 하나 하겠습니다. 실제로 이런 사례가 있나요? 그걸 우선 확인해봅시다.

재하: 어른이 살인하면 사형을 받아요. 하지만 학생이 살인하면 그냥 소년원에 갔다 와요.

교사: 소년원이나 보호관찰소 같은 곳에 보내서 교육을 받게 한다. 자, 또 다른 사람?

수정: 예전에 여자 중학생을 남학생 세 명이 성폭행한 사건이 발생한 적이 있어요. 그런데도 남학생들이 그냥 소년원에 한두 달 갔다 왔어요. 어른이 성폭행하면 강하게 처벌받는데 학생이 성폭행하면 그냥 소년원에 갔다 오면 그만이에요. 또 학생이 친구를 기절하도록 때렸는데도 학교에

서 일주일 청소한 게 전부였어요.

교사: 사람을 폭행한 처벌로 일주일 청소가 너무 약하다는 생각이 들었다는 거죠. 여러 가지 사례가 나왔어요. 그러면 청소년이 저지른 범죄에 대해 처벌을 약하게 하는 것이 타당할까요? 의견을 말해봅시다.

수정: 청소년이 나이가 어리다고 해서 일반인보다 처벌을 약하게 받는데요, 범죄 자체는 어른보다 심할 때도 많아요. 그러니까 어른과 동일하게 처벌받는 게 옳다고 생각해요.

현아: 청소년은 아직 자아가 미성숙하니까 어른과 동일하다고 볼 수 없어요. 범죄를 저질렀다고 해서 어렸을 때부터 심하게 처벌받으면 정신적 충격에서 벗어날 수 없을 거예요. 그래서 좀더 벌을 약하게 줘야 하지 않을까요?

수영: 아무리 성숙하지 못하다 해도 할 수 있는 일이 있고 해서는 안 될 일이 있다는 것은 알아야 돼요. 생명을 존중해야 한다는 것은 어른이나 청소년이나 모두 똑같은 것 아니에요? 그러니까 사람을 죽였을 경우에는 성인과 똑같은 벌을 받아야 돼요.

교사: 동일한 범죄에 대해서는 동일하게 처벌해야 한다는 거지요? 반론도 나와야죠. 더 추가적인 발언을 하든가 지지발언을 합시다.

지영: 청소년이 자아가 미성숙하다고 했는데, 만약에 성인이 되어서도 자아발달이 미성숙하면 그런 사람한테도 처벌을 약하게 해야 하는데, 그건 아니잖아요.

현아: 사람은 잘못을 할 수 있잖아요. 잘못을 뉘우치고 바르게 살 수 있는데, 한번 잘못했다고 심하게 처벌해서 그 사람을 사회적으로 매장시킨

다면 세상 살아가기가 힘들 것 같아요.

교사: 생각해보면 그 논리 중에 인재의 손실이라는 문제도 들어 있는 것이군요.

재하: 청소년이 처음에 범죄를 저질렀을 경우에는 아직 미성숙하고 생각도 어리니까 그렇다고 볼 수 있는데, 주로 보면 한 번 그랬던 애가 또 그러잖아요? 소년원에 두 번 갔다 왔다, 세 번 갔다 왔다는 것을 자랑처럼 말하기도 하구요. 그러니까 초범인 경우에는 소년원에 가서 확실하게 교육받게 하고, 만약에 또 범죄를 저지른다면 그때는 어른들과 동일하게 처벌받는 게 옳을 것 같아요. 그것은 자아 미성숙으로 보기엔……

교사: 재범 이상은 어른과 동일하게 처벌받아야 한다는 것이죠? 자, 또 다른 사람?

수경: 청소년이 범죄를 저지르지 않도록 그 전에 강력한 교육이 필요할 것 같아요.

교사: 이 의견도 일종의 대안적 측면에서 이야기한 것 같은데, 그것은 범죄가 일어난 후의 문제가 아니라 사전에 할 수 있는 예방책이겠네요.

수경: 예절이나 인성 교육이 필요하고 이를 통해 범죄를 예방하자는 거예요.

교사: 그럼 이쯤에서 정리해봅시다. 청소년 범죄를 처벌할 때 일반인보다 약하게 하는 것이 옳은가? 수경이의 의견은 맥락이 좀 달랐어요. 재하는 무엇을 전제하고 있는 거죠? 재하는 일반인하고 똑같이 처벌해야 된다는 건가요?

재하: 똑같이 처벌해야 한다는 쪽이에요.

교사: 자, 손 한번 들어봅시다. 청소년 범죄를 성인보다 약하게 처벌해야 한다고 생각하는 사람? 약하게는 12명이고, 똑같이 처벌해야 한다고 생각하는 사람이 15명이네요. 그럼 나머지는 뭡니까?

학생들: 중간이요.

교사: 중간이라면 판단이 잘 안 된다는 이야기죠? 여기 나온 수치만 가지고는 우리가 판단하기 어렵죠. 죄를 지었으면 그 죄에 상응하는 벌을 받아야 한다는 논리와, 청소년은 끊임없이 변하기 때문에 자신의 죄를 뉘우칠 수 있는 기회를 줘야 한다는 논리가 충돌하고 있습니다. 자, 우리 사회에서는 어떻게 판단하고 있습니까?

학생들: 약하게 준다.

교사: 네, 약하게 준다는 것으로 판단하고 있지요. 자, 그러면 여러분 개인의 생각이 어떤지 각자의 판단을 팡세노트에 정리해보세요.

어떤 과목이든 수업시간에 다뤄진 내용을 필기하는 노트가 있는 게 보통이다. 하지만 이호중 선생님의 수업에는 일반적인 필기노트가 아닌 '팡세노트'라는 것이 있다. 학생들이 자기 생각을 자유롭게 적을 수 있는 노트다. 학생들은 수업이 끝나면 수업시간에 다뤘던 논제에 대한 자기 생각을 자유롭게 이 팡세노트에 쓴다.

1학년은 600자 정도로 수업에서 토론했던 논제에 대해 자유로이 생각을 적는다. 팡세노트는 논술처럼 부담스러운 글쓰기가 아니라, 누구나 쓸 수 있는 자유로운 글쓰기라고 할 수 있다. 학년이 올라가면 좀더 논리적으로 수업이 진행되고, 토론할 때도 논리적으로 사고하고 말할 수 있도록 수업을 구성한다. 그에 따라 팡세노트의 글 양도 늘어간다. 팡세노트는 학생들이 스스로의 사고 흐름을 추적할 수 있는 소중한 자료가 된다. 팡세노트에는 한 학기에 두 번 정도 선생님의 답글이 달리고, 이를 통해 교사와 학생이 소통을 한다. 논술교육까지 자연스럽게 이뤄지는 것이다.

논제 1 청소년 범죄 처벌이 성인보다 약한 것이 옳은가?

답: 청소년은 국가 장래의 운명을 짊어질 미래의 주인공이며, 이들이 저지르는 범죄는 사회에 대한 반항으로 바라볼 수 있다. 또 현대화는 청소년의 삶과 사회구조적 환경에 있어서도 많은 변화를 초래했고, 이러한 사회는 청소년들에게 건전한 성장 조건만을 제공하지 않는다. (……) 이로 인해 청소년들이 선정적이고 폭력적인 장면에 노출될 가능성이 높아졌고 어른들이 하는 행동을 보고 청소년들이 호기심에 따라하게 되면서 범죄가 발생할 수도 있다고 생각한다. 하지만 실제로 많은 시민이 청소년 범죄로 인해 두려움을 느끼고 있고, 많은 성인 범죄자 중 대부분은 청소년 범죄자 출신이라고 한다.

이 사실을 볼 때, 청소년 범죄를 어떻게 예방하고 어떤 방법으로 처벌해야 하는지를 국가가 중요하게 여겨야 할 것이다. 우리는 만 19세 미만인 사람을 청소년이라고 부르는데, 예를 들어 어린아이가 물건을 집어던져 사람이 다친 경우 그 아이는 물건을 던지면 사람이 다칠 수 있다는 것과 던진다는 것에 대한 개념을 알지 못한다. (……) 따라서 자신의 행위가 어떤 의미인지 파악할 수 없는 만 14세 미만의 경우에는 처벌이 약한 것이 인정되지만, 만 14세 이상의 청소년은 자신이 저지른 행동이 어떤 것인지 충분히 판단할 수 있는 능력이 갖추어져 있기 때문에 성인과 똑같은 처벌을 받는 것이 옳다고 생각한다. - 송지연

교사 답글 범죄의 원인을 사회와 개인에게서 각각 찾고 만 14세를 기준으로 개인의 판단능력을 전제해 어른과 같은 처벌을 받아야 한다고 본 견해가 어느 정도 설득력이 있어 보인다. 그렇지만 만 14세를 행동의 자기 결정성 또는 이성적 사고가 확립된 나이로 보기에는 어려움이 있지 않을까?

학생들은 수업을 마치면 '철학적 탐구공동체 자기평가지'에 스스로 자신을 평가한다. 자신이 추론을 잘했는지부터 다른 사람을 존중하고 배려했는지까지 수업에 임한 자신의 모습을 세세하게 평가하는 것이다. 일방적 평가나 점수를 매기기 위한 것이라면 솔직하기 힘들 수 있지만, 스스로 하는 평가는 서로에게 솔직해야 가능하다. 그래서 이 평가는 교사와 학생이 솔직하게 소통할 수 있는 통로가 된다.

이호중 선생님은 논술교육이 특정 과목에서만 가르칠 것이 아니라고 생각한다. 논술은 글쓰기 이전에 사고력이 우선되어야 가능한데, 사고력이 형식이라면 그 내용은 인문사회과학이나 자연

과학으로 채워지게 된다. 이 모든 것을 관통하는 것이 윤리학의 모
학문인 철학이다. 논술공부에는 그런 지식을 관통하는 핵심적 질
문과 그 질문에 대답할 수 있는 비판적이고 창의적인 사고력이 중
요하다. 따라서 그는 논술을 잘하려면 쓰기능력만으로는 부족하
며, 글쓰기보다는 오히려 사고력이 더 중요하다고 생각한다.

"도덕교과는 철학적이고 윤리적인 교과 지식이 수업 주제로 가
장 빈번하게 등장하고, 사고력을 키울 수 있는 토론식 수업 방법을
주로 사용하지요. 그 점에서만큼은 다른 과목에 비해 도덕교과가
논술교육에 더 유리하다고 자부합니다."

학생들도 쉽고 편한 것만 찾지는 않는다

이호중 선생님은 사범대학교를 다닐 때부터 수업은 학생 활동이 중심이 되고 그 방법은 발표와 토론이어야 한다고 생각해왔다. 그의 교사 생활은 한 어촌 마을에서 시작되었다.

"대학 때부터 생각해왔던 학생 중심 수업을 해보려고 애를 썼지요. 처음 시도한 것은 모둠토론 수업이었어요. 부분적으로 몇몇 학생들이 조사한 내용을 발표하는 수업이었는데, 그런 수업에 대한 지식과 경험이 부족하다보니 만족보다는 좌절이 훨씬 컸습니다. 지필고사만 반영하던 제도도 큰 원인이었던 것 같습니다."

대도시 학교로 옮겨와서는 한 학년에 도덕교사가 두 명 이상이었다. 평가의 혼란이 걸림돌이 되었다. 어쩔 수 없이 학생 중심 수

업은 포기하게 되었다. 몇 년을 그렇게 보내다가 입시에서 자유로
운 실업계 고등학교로 가게 되었다. 이호중 선생님은 비로소 이곳
에서 다양한 수업을 시도해볼 수 있었다.

그러나 또다른 문제가 불거졌다. 학생들이 공부를 싫어하기 때
문에, 교과서를 벗어난 주제로 수업을 할 때 더 산만해졌던 것이
다. 학생들은 일상적인 것들에 대해서도 별로 생각이 없었다. 결국
이호중 선생님은 교과서에 나오는 철학자들의 생애와 사상을 조사
해서 발표하고 질의 응답하는 수업을 진행했다. 그랬더니 오히려
학생들이 더 열심히 수업을 들었고 수업의 효과도 높아지는 것이
었다. 덧붙여 학생들에게 '나의 철학노트'를 쓰게 했다. 일상생활
에서 발견하는 철학적 주제를 일주일에 하나씩 쓰는 것인데, 이것
이 수업의 완성도를 많이 높여주었다.

"그때 겉으로 보이는 모습과 달리 학생들도 쉽고 편한 것만 찾지
는 않는다는 사실을 깨달았습니다."

그러나 여기에도 아쉬움은 따랐다. 그런 수업은 학생들의 경험
이 들어 있고 참여가 있지만, 본질적으로 교과서 내용 이해의 수준
을 넘어서거나 학생들의 삶에 필요한 문제해결 능력을 키우는 것
과는 거리가 있기 때문이었다. 그러던 중 1급 정교사 연수를 받으
면서 대학교 때 은사이기도 한 교수님으로부터 '철학적 탐구공동
체' 수업 방법을 배우게 되었다.

곧바로 이를 수업에 접목시켰지만 처음에는 실패의 연속이었다. 하지만 수업 내용과 교사의 개입을 줄이고 학생들의 활동을 통해 사고의 수준을 높이는 것이 옳다는 선생님의 소신에는 변함이 없었다.

"대학원에 등록했습니다. 또 전국도덕교사모임의 일원으로서 공부와 수업, 발표활동을 함께하면서 문제점들을 하나씩 개선해 나가기 시작했지요. 특히 철학적 탐구공동체 수업 방식을 만든 IAPC(미국 어린이 철학교육연구소)의 전문가과정 연수에 10일간 참여한 것이 큰 도움이 되었습니다."

이호중 선생님은 IAPC에서 수업을 시작할 때 공동체놀이를 중시하는 것을 배웠다. 이것을 수업에 적용했더니 학생들이 폭발적인 관심을 보였다. 이때부터 철학적 탐구공동체 수업 방식을 생각하게 되었다. 그리고 10년 넘게 이 수업을 발전시키면서 이제는 자신의 수업을 '철학적 탐구공동체 논술 수업'이라고 부른다. 교과서를 비판적으로 읽고 토론 주제를 만들고 토론하고 논술하는 수업 과정이기 때문이다. 때로는 토론 주제를 만들기 전에 수업 내용에 대한 학생들의 논술문 발표가 있기도 한다. 수업의 마무리는 항상 논술 과제 공책인 '팡세노트'를 쓰는 것이다.

탐구공동체는 어린이 철학교육운동을 주도하고 있는 미국의 철학자 립맨^{M. Lipman}이 교육학자 샤프^{A. M. Sharp}와 함께 1969년 설립한 IAPC의 철학교육 프로그램이다. 이 수업 방식이 우리나라에 소개된 지도 30년이 넘었다. 이호중 선생님은 전에는 이 수업 방식을 그저 가볍게 생각했다. 그러다가 교육 현장에서 시도해본 토론수업이 자꾸 실패하면서 이 방식에 주목하게 되었고, 대학원에 진학하여 진지하게 공부하기 시작했다.

"철학적 탐구공동체 수업이 주는 큰 장점은 학생들이 배려하는 사고를 키울 수 있다는 겁니다. 예를 들어, 탐구공동체로 수업을 하다보면 활발하게 말하는 아이들은 잘 발표하지 않는 친구들에게 기회를 주기 위해 손들기를 참습니다. 서로 배려하는 모습을 배우고 경청하는 법을 배우는 것이지요."

이호중 선생님이 수업 초반에 진행하는 공동체놀이는 학생들의 흥미를 불러일으키기 위한 단순한 이벤트가 아니다. 그가 나름대로 많은 의미를 담아 진행하는 놀이다. 예컨대, 수업을 시작할 때 비밀상자(초록상자) 속의 내용물을 추측해보도록 요구한다. 학생들은 단순한 추측이나 과거 도덕수업에서의 경험, 수업 단원 등을 근거로 추측한다. 이런 놀이과정 속에서 귀납추리나 연역추리의 방법을 자연스럽게 공부한다. 그리고 정답을 맞힌 보상은 다른 사람에게 주는 방법을 통해 경쟁적 놀이보다는 남을 배려하는 공동체놀이가 되도록 한다.

"탐구공동체 수업을 진행하면서 어려운 점은 시간이 한정되어 있다는 것과 아이들의 말문이 막힐 때 말을 이끌어내는 일입니다. 그런 학생들의 토론에 맞춰가며 수준을 높이는 질문을 적절하게 하는 것도 어렵습니다. 그것이 또한 저를 끊임없이 공부하도록 하는 것이지요."

05 다른 사람과 비교하는 삶을 뛰어넘어라!

　우리 학생들은 학교공부는 말할 것도 없고 학원수업, 심지어 과외공부까지 하느라 너무 바쁘다. 그도 그럴 것이 지금의 대학 입학시험은 내신 성적과 수능 성적, 그리고 논술과 면접 성적까지 요구하기 때문이다. 과거와 달리 학교시험이나 수능시험이 쉽지도 않다. 논술은 물론이고 내신과 수능까지 고차원적 사고력을 테스트하는 쪽으로 방향이 바뀌었다. 따라서 공부의 방향이 사고력을 키우는 방식, 문제해결력을 키우는 방식으로 바뀌어야 대입에 실질적인 대비도 되고 여러 가지로 효과적이다.

　성공적인 수업의 조건은 여러 가지가 있을 수 있다. 이호중 선생님이 계획한 것처럼 수업을 다차원적이고 역동적으로 가져가는 것도 그중 한 방법이다. 그러나 그에 못지않게 중요한 것은 평가 방식이다. 결과 평가보다는 과정 평가를 함으로써 전체 수업을 질적으로 업그레이드할 수 있다.

학생의 다면적인 평가가 가능하려면 수업의 전 과정을 평가해야 할 것이다. 그런데 우리나라는 평가 결과의 객관성과 신뢰도는 중시하나 평가 내용의 타당도에 대해서는 별로 신경 쓰지 않는다. 이렇게 교육 전 과정에 대한 평가가 이루어지지 않으면 결국 오지선다형 평가에 국한되고 수업은 주입식, 문제풀이식으로 전락하게 된다. 고차원적 사고능력을 향상시키기 위한 수업이 불가능해지는 것이다. 그 결과는 공교육이 영원히 신뢰를 잃어버리는 사태로 나타난다.

"지금 학생들은 삶의 목표나 생활하는 모습, 공부하는 내용이 비슷한, 개성 없는 사람들입니다. 물론 학벌사회, 입시 위주의 교육 탓이 크지만 이것이 정상이 아니라는 생각조차 하지 못하는 것은 문제가 있습니다. 공부에는 왕도가 없듯이 삶의 모습, 살아가는 방식에도 왕도는 없습니다. 행복은 자신의 기준에 따라 스스로 찾는 것입니다. 사회의 가치를 맹목적으로 받아들이고 다른 사람과 비교하는 삶을 뛰어넘으려는 자세가 필요합니다.

흔히 교육의 두 가지 측면으로 사회화socialization와 자율성autonomy 신장을 꼽습니다. 그런데 우리 교육은 지나치게 사회화에 초점이 맞춰져 있습니다. 게다가 우리 사회가 경쟁지상주의, 물질지상주의 사회이기 때문에 사회화 자체도 올바른 방향으로 가고 있지 않습

니다. 따라서 교사는 정상적인 사회화가 이루어지도록 학생들에게 질문하고 따져 묻는 비판정신을 키워주어야 합니다. 스스로 잘하고 좋아하는 일을 함으로써 자아를 실현하고 개인의 여가를 즐기고 가정의 따스함을 느끼고 사회에 대한 책임을 당연하게 느끼는 것이 행복의 본질이라는 사실을 깨닫도록 해주어야 합니다. 이 부분은 바로 학생들의 자율성을 키워줌으로써 가능한 것입니다."

   이것이 이호중 선생님이 가진 교육관이다. 이호중 선생님의 바람처럼 학생들이 올바른 비판정신을 가지고 즐기면서 배울 수 있다면 얼마나 좋을까. 우선 교사들부터 학생들의 성적이나 생활태도에만 너무 민감하게 반응하지 말고 마음의 여유를 가지고 재미있는 수업을 하도록 고민해보는 것은 어떨까.

윤리를 자신의 문제로 받아들이는 지혜가 핵심

"교과서 내용을 실생활 문제와 연관시켜 자신의 문제로 만들 수만 있다면, 이 둘은 자연스럽게 연결됩니다. 일단 이것만 된다면 윤리에 대한 관심은 자연스럽게 생겨나겠죠. 지적 호기심에 스스로 고민하고, 이 고민을 해결하기 위해 친구와 대화하거나 고전을 읽고, 그런 과정에서 자신의 윤리관이 만들어지는 것입니다."

1. 교과서에 삐딱하게 질문하라

교과서는 진리가 아니다. 이 시대에 일반적으로 받아들여지는 학문의 내용을 학생 수준에 맞춰 정리한 것뿐이다. 따라서 교과서의 내용이 이 시대의 모든 지식도 아니고 다음 시대에는 옳지 않다고 여겨질 수도 있다. 심지어 내용의 일부는 정치적 의도가 반영되면서 왜곡된 지식도 많다. 그런 지식을 그대로 받아들이면 진실이 아닌 것을 진실로 생각하는 오류, 자신의 삶을 왜곡하는 문제가 발생할 수 있다.

2. 토론하라!

교과서를 비판적으로 읽으면서 의문이 생기는 점, 관심 가는 점에 대해서 질문을 던지고 친구들과 토론하면서 함께 정답을 찾아가는 것이다. 정해진 답을 외우거나 무조건 이해해야 하는 답답한 공부가 아니라, 신대륙을 찾아 항해하는 것과 같은 기대와 스릴이 있을 것이다.

3. 논술하라!

세상에 진리는 없지만 마디마다 정리는 가능하다. 이런 정리가 없다면 정말 혼란스러울 것이다. 어지러운 나의 생각, 어지러운 토론 내용을 글로 정리하면 그 과정 자체가 내 것이 된다. 그리고 부족했던 자신의 근거를 다시 찾게 되고 새로운 의문을 갖게 된다. 그 때문에 다음 토론을 기다리게 된다.

4. 공부의 목표를 지식이 아니라 사고력으로

같은 공부를 해도 결과가 다른 이유는 사고력의 차이 때문이다. 비판적 질문, 분석하기, 종합하기, 대안찾기 등 사고 기술 자체를 지속적으로 활용하면 사고력이 높아진다. 그런 사고력은 토론이나 논술을 통해 가장 잘 길러지는데, 공부뿐 아니라 삶 속에서 대면하는 난제들을 잘 해결하도록 도와 행복한 삶을 살도록 해준다.

5. 새로운 방식의 일기를 써라

먼저 팡세노트 같은 공책을 준비한다. 그런 다음 일주일에 하나 정도 철학적 질문을 만든다. 예컨대, '나는 왜 공부해야 하는가?' '좋은 대학이 그 사람의 능력을 결정하는가?' '이성적 사고가 되지 않는 사람은 인간인가 동물인가?' 등등. 그리고 이 질문에 대해 자신의 생각을 쓴다. 하루 동안 일어났던 일이 아닌 생각할 거리들로 일기를 채워보는 것도 좋다. 새로운 일기쓰기 방식을 통한 글쓰기 훈련은 글에 대한 자신감도 키워주고 일상을 새롭게 보게 해줄 것이다.

깨어 있는 지성인, 바른 삶을 위한 도덕 공부

김태희 (이화여자대학교 불어불문학과 4학년)

스스로 사고하는 힘을 만들다

이호중 선생님은 교과서 내용을 그대로 주입하려 하기보다는 우리 스스로 사고할 수 있게 만들어주셨다. 그러다보니 교과서 내용을 우리의 현실과 연관지어 생각해보게 되었고, 그전보다 도덕과목에 흥미가 생기게 되었다. 예를 들면 고등학교 1학년 때 북한 핵실험이 사회적 이슈가 되었다. 그래서 수업중 북한과 관련된 부분을 배울 때 '우리나라도 핵무기를 만들어야 하는가?'라는 주제로 열띤 토론을 벌였다. 마치 우리가 정책을 결정하는 정치인이 된 듯이 몇 날 며칠 동안 각자 주장에 타당성을 부여하기 위한 근거를 수집하고 생각을 정리해나갔다. 이러한 수업 덕분에 신문도 꼬박꼬박 챙겨보게 되었고 사회적 이슈에 관심도 가지게 되었다.

생각을 정리하는 연습과 토론으로 창의력을 키우다

토론 위주 수업이기 때문에 선생님은 교과서 내용을 일일이 설명하기보다는 전체적인 맥락을 집어주셨다. 처음에는 주입식 수업에 익숙했던 탓인지 스스로 찾아 공부하는 것이 부담스러웠다. 그러나 차츰 익숙해지자 오히려 시험을 칠 때 더 많은 도움이 되었다. 교과서를 정독하고 이해가 안 되는 부분은 질문을 만들어 가서 수업시간에 친구들과 의견을 나누다보면 이해도 잘 되고 기억에도 오래 남았기 때문이다. 토론을 하면서 상대방과 선생님의 의견을 수용하고 그에 기반하여 내 생각을 정리하는 연습을 했다.

또 우리 학교뿐만 아니라 다른 학교 친구들은 어떤 생각을 가지고 있는지 궁금해 전국 토론대회에 참여하기도 했다. 고교시절 토론은 사람들과 소통하는 방법을 배우고 더 나은 의견을 도출해내는 창의성을 기르는 데 큰 힘이 되었다.

대학교에 와서 스스로 학습해야 하는 대학공부를 힘들어하는 친구들을 많이 봤다. 고등학교 때와 다른 대학공부가 힘이 들기도 하지만 도덕과목을 능동적으로 공부했던 경험이 도움이 되어 나는 한층 수월하게 공부하고 있다. 특히 2학년 도덕수업에서 고전을 읽고 발표를 준비하면서 남에게 설명하기 위해 보다 깊은 독서를 할 수 있었던 것 같다.

내가
사는 공간이
새로워지는 경험

윤성관 선생님

경기 의정부 광동고등학교 지리교사

01 인간을 이롭게 하는 지리地理? 지리地利!

"학교 수업시간에서만, 책에서만, 지리 교과서에만 지리가 존재하는 게 아닙니다. 여행 가서 보고 듣고 느끼는 게 다 지리이고, 집 앞에 있는 길과 하천과 산도 지리입니다. 우리가 느끼지 못하고 있을 뿐 우리는 하루 종일 지리 속에서 생활합니다."

『지리부도』를 펼쳐놓고 이런 저런 지형들이 복잡하게 그려져 있는 지도를 읽는 과목. 그뿐인가. 각종 산물과 지명, 산업, 지형과 기후 등을 달달 외워야 하는 골치 아픈 과목. 그에 더해 각종 기호와 지리통계까지 외워야 하는 '지리교과'는 '외울 것'만 많은 과목으로 기억하기 쉽다. 그러나 의정부 광동고등학교 지리교사 윤성관 선생님은 입시 위주의 교육시스템이 지리과목을 교과서와 교실 안에 가두어버렸다고 말한다. 교실 밖에서 눈으로 가슴으로 봐야 하는 지리를 교실 안에서 머리로만 듣고 읽고 있다는 것이다.

소설『고산자』를 보면 부제조 영감이 묻고 고산자 김정호가 대답하는 대목이 나온다.

"네가 대동여지도를 만든 김정호렷다?"

"네, 소인, 지도장이 김정호가 맞습니다."

"짊어져온 것이 무엇이더냐?"

"대동여지도를 축소한 대동여지도전도 목판이옵니다."

"왜 그런 걸 만들었느냐?"

"특별한 까닭이 없습니다. 대감마님."

"없다? 지도란 무릇 나라의 것이다. 너는 중인의 비천한 신분일진대, 지도를 목판으로 만들어 지정잡배들에게까지 내돌리면서 까닭이 없다?"

소설의 저자는 이 책에서 김정호가 대동여지도를 만든 이유를 이렇게 말한다. "고산자에게 지도는 목표가 아니었다. 그의 목표는 백성이 편리하게 생활하며 사는 것이었다. 고산자가 지도를 만든 것은 결국 백성의 편리한 삶이었다."

우리 삶의 터전이 되는 공간을 바라보는 시각을 키울 수 있는 원천이 바로 '지리'다. 흔하게 보던 친숙한 지리적 현상을 낯설게 바라보고, 낯선 지리적 현상들을 친숙하게 바라봄으로써, 우리 삶을 풍요롭게 만드는 것. 지도 역시 단순히 땅의 형태를 일정비율로 축소해 약속된 기호로 평면에 나타낸 그림이 아니라 지금 우리가 살아가는 모습이 녹아들어 있는 것이다.

실제 지역을 선명하게 묘사한 소설의 경우도 간접체험의 효과를 얻을 수 있다. 장 지오노의 『나무를 심은 사람』은 생태문학의 금자탑이라 일컬어진다. 소설의 주인공인 늙은 양치기 엘리아르 부피에는 어느 날부터 황무지에 나무를 심는다. 그가 수십 년 동안 묵묵히 심은 나무들은 마침내 숲이 되고, 사람들이 떠나갔던 헐벗고 단조로운 황무지를 낙원으로 되돌려놓는다는 내용이다.

다음은 이 책을 읽고 학생들이 쓴 문답식 감상문이다.

1. 젊은이가 황무지를 헤매게 된 이유는 무엇인가요? – 물을 찾기 위해

2. 길을 헤매던 과정에서 만난 양치기 노인의 이름은 무엇인가요?
   – 엘리아르 부피에

3. 양치기 노인이 저녁을 먹은 후 다음 날을 위해 했던 작업은 무엇인가요? – 좋은 도토리를 구별하는 것

4. 양치기 노인이 심었던 세 가지 나무 종류를 (과거) → (현재) → (미래)의 순서로 나열하면? – 너도밤나무 → 참나무 → 자작나무

5. 1935년 정부관리가 숲을 방문한 후 숲을 보호하기 위해 취한 조치 한 가지는? – 숯 굽는 일 금지

6. 양치기 노인이 일구어놓은 숲 속에서 원주민들과 새로 이주해온 사람들은 어떤 농사를 지으며 행복하게 살았나요(작물 2가지)?
   – 양배추, 셀러리

7. 양치기 노인이 1947년 89세 나이로 사망하기 전까지 숲을 일궈낼 수 있었던 원동력 세 가지는? - 인내, 신념, 아낌없는 영혼

8. 이 이야기의 배경이 된 지역의 기후는? - 3번 냉대 기후

    1) 열대 기후 2) 한대 기후 3) 냉대 기후 4) 지중해성 기후

    5) 건조 기후

9. 양치기 노인이 이 지역에 숲을 조성하면서 마을 사람들의 삶의 방식이 바뀌는 과정을 통해 볼 때 평가 가능한 자연관은?

    - 2번 환경가능론

    1) 환경결정론 2) 환경가능론 3) 문화생태학 4) 문화결정론

선생님은 이러한 생태소설이나 자연과 환경을 다룬 소설 외에 문학작품에서도 지리를 읽을 수 있다고 말한다. 문학이나 지리나 장르만 다를 뿐이지 결국 자연환경 속에서 살아가는 사람들의 이야기를 다루기 때문이다. 조정래의 『태백산맥』에서는 지리산 부근 지역들이 주요 공간으로 설정되어 있다. 산, 강, 마을, 길 이름이 등장한다. 물론 『태백산맥』은 지리산과 그 주변 지역의 지리를 밝히고자 하는 이야기가 아니다. 하지만 인간과 공간, 혹은 인간과 환경과의 관계에 초점을 둔다면 충분히 지리학적 시각으로 이 책을 해석할 수 있다.

지리 현상들에 대해 "그것은 어디서 생겨난 것일까? 어떤 모습을 하고 있을까? 원인은 무엇일까? 어떤 과정으로 형성되었을까? 우리 삶과 어떤 관련이 있을까? 그것을 어떻게 지키고 발전시킬

수 있을까?" 하는 물음과 답변 들을 통해 우리 삶의 공간을 배열해 나가는 것이 바로 지리의 효용이다.

예컨대 패스트푸드를 판매하는 다국적기업들이 모든 지역에 균일한 제품을 공급하는 것이 아니라 밥이나 김치, 불고기 등을 주재료로 한 햄버거나 피자와 같이 각 지역의 음식문화와 입맛을 고려한 제품을 만든다거나, 지진이 많은 일본이 내진설계 1위의 건축 노하우를 갖게 된 것을 그 사례로 들 수 있다. 결국 지리地理는 인간을 이롭게 하는 지리地利라 할 수 있는 것이다.

02 '군림'하던 전반전과 '도우미'로서의 후반전

윤성관 선생님은 12년차 지리교사로서의 경력을 축구에 비유해 '군림'하던 전반전과 '도우미'로서의 후반전이라고 이야기한다.

"게임을 시작한다는 긴장감에 전반전 내내 기술은 물론 체력조차 부족한 상태였지요. 그러다보니 수업시간에 혼자 떠드는 강의식 수업을 할 수밖에 없었고, 어느 순간부터는 학생들에게 아주 효율적으로 암기하는 방법만을 전달하고 있었어요. 이런 상황이 계속 반복되면서 학생들은 물론 가르치는 저 또한 전혀 신 나지 않는 시간의 연속이었지요."

새로운 수업 방식이 절실했던 선생님은 우연히 '학생의 마음을 움직이는 교사 상담'이라는 연수를 듣고 '참여'와 '소통'이라는 답을 찾아냈다. 요즘 학생들은 메신저로 소통하는 메신저세대, 휴대폰 문자로 소통하는 문자세대, 인터넷에 댓글을 달아 소통하는 댓글세대로 규정지을 수 있다. 마치 촬영 후 인화하는 시간을 거쳐야 했던 아날로그 카메라에서 촬영 즉시 사진을 볼 수 있는 디지털 카메라로의 변화처럼 실시간으로 소통하는 세대라는 말이다. 또한 이전의 TV세대가 일방적으로 가공된 정보를 전달받던 세대였다면, 현재 세대는 쌍방향 소통에 익숙한, 정보를 공유하고 생산해가는 의욕적이고 진취적인 성향을 갖고 있었다. 윤성관 선생님은 현재의 학생들이 '디지털세대'라는 것과 '소통의 즉시성'이라는 환경에 놓여 있다는 데 주목했다.

지리수업은 '교실 밖'의 지리를 '교실 안'으로 가져와야 하는 어려움이 따른다. 대부분의 수업이 동영상이나 이미지 자료 등에 의존하는 간접경험에 머물 수밖에 없다. 하지만 이러한 간접경험도 주체가 누구인가에 따라 학습효과가 다르게 나타난다. 그래서 생각해낸 것이 선생님이 자료를 찾는 것이 아니라 학생들이 직접 자료를 찾게 하는 것이었다.

"학생들이 제출한 수행평가 과제를 가지고 수업에 활용했더니 학생들 자세가 180도 달라지더라구요. 매우 적극적이었지요. 처음엔 일회성이겠지 했는데 서너 개 반에서 공통적으로 같은 변화가 나타났어요. 그때 '아~' 하는 깨달음을 얻었지요."

수업에 활용했던 수행평가 과제는 교과서에 나오는 지리용어를 그림이나 사진 등 이미지로 표현하는 과제였다. 결과는 놀라웠다. 학생들은 우각호, 범람원 등 다양한 지형 사진이나 그림 들을 인터넷에서 검색해 지리용어와 연결시켜 하루 평균 80개 이상씩 교과 운영 홈페이지에 올렸다.

　방관자로 있는 것을 싫어하는 아이들, 필요한 정보를 인터넷에서 검색하면 30초 안에 답이 나오는데, 똑같은 것을 열 번이나 쓰는 것은 시간낭비라며 부글부글 속을 끓이는 아이들. 이들이 흥미를 보이는 것은 교과서를 그대로 배우는 것이 아니라 교과서에 있는 것을 재구성하는 것이었다. 이것은 엄청난 학습 결과로 이어졌다. 선생님의 교사 생활 후반전은 이렇게 학생들 속에서 학습 동기를 끄집어내 다시 돌려주면서 시작되었다.

03 지리용어, 어렵지 않아요~! '지리용어 이미지북'

지리수업이 시작되자 학생들이 네 명씩 짝을 이뤄서 모둠협동학습 모형으로 자리를 이동한다. 이 모둠은 고정이 아니라 지리시간 때마다 새롭게 짜인다. 반 학생들 전체가 친해지도록 하기 위해서다.

선생님의 지리수업에서는 비누와 두부로 침식분지를 만들고, 짜 먹는 요구르트로 '용암대지'를 만들어내기도 한다. 플래시 카드와 사다리 OX판이 등장하고 '이구동성' 등 갖가지 게임활동을 하면서 지리수업은 어렵고 지루하다는 편견을 일거에 날려버린다. 수업시간에는 선생님이 직접 제작한 일명 '지리 블로그'라는 교재를 시용한다. 여러 종류의 교과서에서 알짜배기만 추려 분량을 줄이고, 탐구활동과제 중심으로 재구성했다. 또한 교과운영 홈페이지 '하이파이브'에 '40인치 지리수업'이라는 게시판을 만들어 수업 자료로 활용한다. 학생들은 프로젝션 TV를 보면서 설명을 듣고 별도의 노트 없이 지리 블로그에 필기를 한다.

하천과 지형에 대해 배울 때면 지리 교과서에는 범람, 충적, 건천 등의 한자용어가 끊임없이 나온다. 학생들이 지리과목을 기피하는 원인 중 하나가 바로 난해한 한자어로 이루어진 지리용어 때문이다. 선생님은 홈페이지에 '웹 지리용어사전' 메뉴를 만들어 한자로 된 지리용어 이해를 도와준다. 범람? 충적? 건천? 어려운 지리용어이지만 한자를 풀어서 보면 쉽게 이해가 되기 때문이다. 지리시간에 한자도 익히고, 어려운 지리용어도 배우고, 그야말로 일석이조 일거양득이다.

범람 물이 넘쳐(넘칠 범: 汎) 흐름(퍼질 람: 濫)

충적평야 물에 의해 토사가 운반되어(화할 충 : 沖) 쌓인(쌓을 적 : 積) 땅

건천 마른(마를 건 : 乾) 하천(내 천 : 川)

택리지 사람이 살기 좋은 마을을(마을 리 : 里) 가려놓은(가릴 택 : 擇) 기록(기록 지 : 志)

청구도 우리나라(푸를 청 : 靑, 언덕 구 : 丘) 지도(그림 도 : 圖)

무상일수 서리가(서리 상 : 霜) 내리지 않는(없을 무 : 無) 날의(날 일 : 日) 숫자(수 수 : 數)

배산임수 산을(뫼 산 : 山) 등지고(등 배 : 背) 앞의 물에(물 수 : 水) 인

접함(임할 임 : 臨)

선상지 부채(부채 선:扇) 모양을 한(모양 상 : 狀) 땅(땅 지 : 地)

　지리용어를 풀어본 다음에는 웹 교재인 '지리용어 이미지북'으로 충적평야와 건천 등의 이미지를 보고 반복해서 지리용어를 이해한다. '지리용어 이미지북'은 선생님이 단원별 주제별로 지리용어를 정리하여 제시하면 학생들이 단원 하나를 선택해서 그 단원 주제에 해당하는 지리용어 열 개를 선정한 다음 이미지로 표현해서 홈페이지에 올려 만든 것이다.

지리용어 이미지 퀴즈

하천의 유로에 따라서 거의 같은 높이의 평탄한 언덕이 연속되고, 유로인 하상을 향하여 계단 모양으로 낮게 배열되어 있는 지형은?

처음에는 인터넷 검색에만 의존하던 학생들이 다른 학생들이 올린 이미지를 보고 자극을 받고 또 학습 동기가 생기면서 직접 사진을 찍는다거나 그림을 그리는 등 창의적인 형태로 바뀌기 시작했다. 또한 지리용어와 관련한 이미지에 직접 퀴즈를 만들게 해서 수준 높은 문제의 경우는 실제 시험문제에 반영하기도 한다.

  학생들은 지리용어를 이미지로 표현하면서 주변을 지리적인 시각으로 보는 안목도 생겼다. 예를 들면 도시의 특성을 공부하면서 의정부의 특성을 이미지로 표현할 때 처음에는 군부대, 수락산, 도봉산이 에워싼 도시 풍경 정도로 이미지를 표현했다. 그후 점차 지리적인 안목이 생기면서 미군부대를 부대찌개 거리로 표현한다거나 공중전화 부스마다 군인들이 통화하고 있는 이미지로 표현하는 등 생각을 담기 시작했다. 늘 보아오던 주변의 현상을 지리적 관점에서 새롭게 보게 된 것이다.

각 단원 정리는
'꼬꼬무 마인드맵'으로

각 단원을 마치면 학생들은 기억을 더듬어 꼬리에 꼬리를 무는
마인드맵 활동을 한다. 이른바 '꼬꼬무 mm'이다. 예를 들어 기후
단원에 대한 마인드맵을 할 때는 각 기후대별로 큰 가지를 친 다음
그 기후에서 발생하는 일들을 곁가지 치면서 개념 그림을 그린다.
자연환경과 생활 단원에 대한 마인드맵은 중심 주제인 산간과 평
야, 해안지역을 적고 지역별 지형의 특색과 지역별 생활환경 등 곁
가지를 그려 중심주제를 확장해가는 방식으로 생각을 펼친다. 배
운 내용과 개념 들을 구조화해야 기억에 오래 남고 나중에 응용할
수 있기 때문이다.

윤성관 선생님의 지리시간은 두 시간 수업과 한 시간 수행평가
로 이루어진다. 수행평가 도구는 블루마블게임을 응용한 지리마

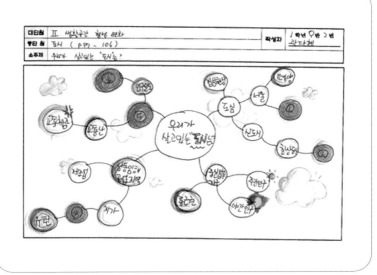

블. 학생들의 이해도가 떨어지는 지리용어를 반복학습해 이해도
를 높여주는 프로그램으로 학업 성취도가 낮은 학생들의 학습동기
유발에 초점을 두었다. 플래시 카드를 이용해 개념을 정의하는 문
제를 내고 답을 맞춰가는 게임식 수행평가 방법이다. 이렇게 지리
라는 교과목으로 놀 수 있는 공간을 마련해주자 지리를 멀리했던
학생들이 지리를 친숙하게 바라보기 시작했다.

"전통적으로 지리교과는 발표수업이나 팀 수업을 많이 하는데,
팀을 짤 때 전혀 배경지식 없이 주먹구구로 짰다는 생각이 들었어
요. 그래서 2학기쯤 가면 항상 실패하는 수업처럼 보이게 되죠. 왜

냐하면 잘하는 팀은 되게 잘하고 잘하는 학생들은 계속 잘하는데, 참여 안 하는 학생들은 계속 참여를 안 하기 때문이에요.

교육활동의 핵심은 가르치고 배우는 활동이 서로 유기적으로 관계를 갖고 원활하게 의사소통을 이루는 것이라고 생각합니다. 저는 그 부분을 고쳐나가는 방식을 고민합니다. 수업시간에 학생들이 적극적으로 참여할 수 있고, 의사표현을 할 수 있는 분위기를 만들어가는 것이 교사들이 풀어야 하는 가장 중요한 과제라고 생각합니다."

이를 위해 선생님은 학생들이 교과에 대한 자신감을 갖고 실질적으로 학습 효과를 높일 수 있도록 번호판 등 의사표시 도구를 다양하게 만들었다. 대답을 크게 하는 몇몇 학생들에게 의존하지 않고 더 많은 학생들이 수업에 참여할 수 있도록 유도하는 방법을 고민하다 짜낸 아이디어가 번호판이었다. OX 번호판을 만들어 OX 퀴즈를 진행할 때 활용하거나, 찬반논쟁 수업(수행평가)을 진행할 때 의사표시로 삼색판(빨강-반대, 주황-찬성, 노랑-기권)을 만들어 활용하도록 했다. 학생들에게 의사표시를 자주 할 수 있도록 하면서 수업시간에 '성공의 경험'을 한 번이라도 더 만들어주고 싶었기 때문이다.

05 아이들 속에서 '외로운 교사'는 되지 말자

중학교 1학년, 입학식 날이었다. 나는 중학생이라는 막연한 두려움에 잔뜩 긴장하고 있었다. 한 선생님이 들어오시더니 맨 뒤에 앉아 있는 나를 가리키며 "너 복도에 나가서 깨진 창문 개수 좀 파악하고 들어와"라고 하셨다.

얼른 복도로 나가 확인하고 제자리로 돌아오는 순간, 짝꿍이 내게 뭔가 이야기를 했고 나는 그에 응답하려고 '씨익' 하고 웃었다. 그 순간 갑자기 선생님이 "너, 나와!" 하시더니 내 뺨을 힘껏 때렸다. 많은 아이들 앞에서 순식간에 일어난 데다 변명할 틈도 없던 터라 맞은 뺨이 어느 쪽인지 얼마나 아팠는지 기억도 나지 않는다. 하지만 맞았다는 충격보다 더한 것은 '대체 내가 왜 맞았을까?' 하는 궁금함이었다. 감히 그 이유를 물어볼 수는 없었지만……

나 또한 선생님이 된 지금, 그때 선생님이 "너 왜 웃었냐?" 한 마디만 물었어도, 아니 "얘, 네가 웃으니까 마치 나를 무시하는 것 같아서 기분이 안 좋다"라고 하셨다면, 적어도 변명이나 해명을 할 수 있지 않았을까 싶다. 그분은 담임선생님이었고, 1년 내내 주눅이 들어 선생님 얼굴도 제대로 쳐다보지 못했던 기억이 난다.

교사 생활 4~5년차였을 때다. 밤 10시까지 야간자습을 하던 고등학교 3학년 우리 반 교실에서 있었던 일이다. 아이들에게 무한한 애정과 사랑을 갖고 있다고 착각하던 시절이었다. 체벌을 포함해, 모든 수단과 방법을 동원해서라도 공부하기 싫어하는 녀석들을 사람 만들어야 한다는 사명감으로 피곤한 줄 모르고 자율학습 감독을 하던 때였다.

피로와 어두운 침묵으로 가득 찬 교실, 10분의 휴식시간을 보내고 이 한 시간만 지나면 드디어 집에 갈 수 있다는 생각에 마지막 힘을 내며 들어선 순간, 교실 앞쪽의 한 녀석이 과자봉지를 책상 위에 펼쳐놓고 주변 녀석들과 수다를 떨고 있었다. 교실 청결을 이유로 매점 상품을 교실로 반입하지 말아야 한다고 아침저녁으로 학생들에게 엄포를 놓고 있던 터라 녀석은 나를 보는 순간 채 다 먹지도 못한 과자를 한 손으로 움켜쥐며 바스러뜨리고 있었다.

'참 많이 먹을 때지. 돌아서면 배고플 때야'라는 생각이 슬쩍 올라오는 것을 재빠르게 억누르며 "뭐야 이거, 고3이! 종 치고도 수다 떨고 있고, 과자까지…… 나와!" 하고 너덧 명의 아이들을 복도로 나오게 한 후 엎드려뻗쳐 자세를 하게 했다. 그 당시 일상적인

모습이었던 터라 녀석들은 물론 교실에 남아 있던 학생들조차 숨소리도 없이 조용했다. 내 목소리만이 복도 한가득 울려 퍼졌다. "니들이, 정신이 없는 거지? 담임 말을 귓등으로 듣는 거지? 종 칠 때까지 그렇게 한번 있어봐" 하고 돌아서는 순간, 과자봉지를 움켜쥐었던 녀석이 들릴 듯 말 듯한 목소리로 '씨이~' 하는 것이 들렸다. 그런 무례한 모습을 학생들도 처음 본 터라 교실은 쥐죽은 듯 조용해졌다.

순간 녀석의 뺨을 후려갈기고 말았다. 그후 녀석은 울면서 진심 어린 목소리로 사과를 했고, 나는 너무나도 당당하게 녀석들을 자율학습이 끝날 때까지 벌을 준 후 하교를 시켰다.

하지만 그날 퇴근한 후 쉽사리 잠을 청할 수 없었다. 그리고 녀석에게, 아이들에게 미안해지기 시작했다. 하지만 알량한 자존심에 다음 날 아침에는 더 굳은 표정으로 아이들을 대했다. 나는 속으로 생각했다. '내일 사과해야지.' '이번 주에는 사과해야지.' '개학 전까지는 사과해야지.' '졸업할 때까지는 사과해야지.'

그러나 결국 사과를 못했다. 그 녀석의 이름조차 잊었다. 하얀 얼굴에 주근깨가 살짝 있던 투덜이 여학생, 지금은 20대 후반의 어엿한 사회인이 되었을 제자. 지금도 그때 일을 생각하면 부끄러움과 미안함, 죄책감으로 마음이 무겁다. 회복이 안 된다.

학생 시절의 억울하고 속상했던 경험이 내 학생들에게 그대로 되풀이되었던 것 같아 5년차 정도까지 담임을 맡았던 아이들에게는 지금도 미안하다. 참여와 소통 수업을 하기로 마음먹은 계기도 바로 교실에서의 외로움 때문이었다.

"교실에 들어가면 흐뭇하고 뿌듯한 게 있어야 하는데 제가 맡은 반은 다른 반에 비해 드러나는 문제는 없었는데 담임 혼자 외로워지는, 요즘 학생들 말로 표현하면 담임이 왕따당하는 느낌이었어요. 학생들 따로 담임 따로였던 상황? 그런 상황을 몇 해 지나서 느꼈어요. 외롭다. 답답하다. 교실 안에서 외로움이 많아질수록 아침에 조회도 들어가기 싫고, 쉬고 싶고, 이게 아니라는 생각만 들었지요."

이런 문제들을 다른 선생님들과 함께 나누고 고민하면서 학생들과 진정으로 소통할 필요성을 느꼈다. 그것이 현재 '참여소통교육모임'에서 행복한 교실 프로젝트 캠페인을 하게 된 시발점이었다. 휴대전화 문자메시지는 윤성관 선생님이 즐겨 하는 학생들과의 소통수단이다. 소소한 이야기에서부터 격려와 칭찬 등등 학교를 떠나 학원, 집에서 학생들이 문자로 말을 걸어오면 언제든지 받아주고 수다를 떤다.

지각만으로 개근 못타는 건가요?

그렇단다~ 개근은 아무것도 체크가 안 된 상태^^

질병조퇴도 안 되는 건가요!!

응 안타깝게두~ 어디 아픈 데 있는 거야?

아픈 데는 없어요! ㅎㅎ 나중을 생각해서……

그렇구나. 수업시간에 보자~

우리 반 힘내자. 시험 끝나면 다 자장면 쏜다

(중간고사 시험날 반 전체에 보낸 문자)

ㅇㅇ이 한 주 동안 주번하느라 수고했어요 ♥ ♥ ♥

(주번 학생에게 보낸 문자)

오늘 눈이 갑자기 많이 왔네. 어디서 뭐하는지 조심해서 다녀라 미끄러지지 말고.

선생님 저 집에 있어요. 학교 나가면 농구 한 판 하실래요?

(한 달간 무단결석한 학생과 주고받은 문자)

　　윤성관 선생님은 교사 혼자 생각을 파고들수록 문제가 깊어진다고 얘기한다. 고민이 학생들을 위한 거라면 섭섭함이나 미움도 털어놓아야 풀 수 있기 때문이다. 학생들도 학교에 왔을 때 자신을 도와줄 수 있는 사람, 방향을 제시해줄 수 있는 사람이 없으니까 밖으로 돈다는 것이 그의 생각이다. 첫날부터 부드럽게 방향성을 제시하면서 같이 고민해보자고 하면 아이들은 예상보다 쉽게 마음을 열고 얘기해도 되겠다, 도움을 호소해봐도 되겠다고 생각하게 된다. 그런 마음이 들어야 그 다음 단계로 나아갈 수 있다. 시작부터 단절되면 일 년 내내 그 상태가 지속된다. 겉으로 아무 문제가 없어 보이고 평화로운 것이 가장 위험할 수 있다는 것이 윤성관 선생님이 담임을 하면서 터득한 바다.

윤성관 선생님의 휴대전화 문자메시지는 학생들한테만 해당되는 것이 아니다. 학부모에게도 동시에 보낸다. 교사, 학생, 학부모까지 쌍방향을 넘어 '삼자 방향'으로 문자를 주고받는 이유는 고학년으로 올라갈수록 학부모와 아이 들의 생각이 다른 경우가 많다는 것을 깨달았기 때문이다. 그래서 선생님이 연결고리가 돼 기꺼이 학생과 부모 간에 커뮤니케이션 통로 역할을 한다.

선생님 반의 학생들은 학급에 필요한 역할을 한 가지씩 맡고 있다. 일명 '일인 일역'이다. 내가 선택한 일은 반짝반짝 빛나게 잘하는 대신 내 일이 아니면 무관심한 학생들에게 책임감과 '우리 반'이라는 소속감을 갖게 한다는 차원에서 시작한 학급운영 규칙이다.

시키면 투덜투덜 마지못해 하는 학생들이 과연 자율적으로 움직여줄까? 한 명의 중복도 없이 깔끔하게 각 역할의 신청이 마무리된다. 역할을 깨알처럼 세세하게 구분해놔서 재밌는 놀이로 생각하게 만들었기 때문이다. 예를 들자면 물받이 비우기, 대걸레 세척 후 짜기, 칠판 분필가루대 청소, 칠판 지우개 털고 백묵 준비, 학급

게시물 탈부착, 달력에 생일 안내 및 생일잔치 준비, 각종 행사 및 우리 반 사진 담아 홈페이지에 올리기 등등이다. 학생들끼리 담당을 정해 자율적으로 평가하기 때문에 선생님은 잔소리 안 해서 좋고, 학생들은 잔소리 안 들어서 좋고, 교실은 윤이 나서 좋고, 모두가 좋다.

"학교는 학생들에게 지식만 제공하는 훈련소가 아닙니다. 교실은 가르치고 배우는 활동을 통해서 교사와 학생, 학생과 학생 간에 지식을 공유하고, 역할을 나누고, 인간관계를 연습하는 공간입니다. 그래야만 교사도 학생들도 건강하게 성장할 수 있습니다. 함께 성장하기 위해서는 교실에서 서로 '판단^{over-stand}'하지 말고, '이해_{understand}'할 수 있는 사이가 되어야 합니다. 연수 때 종종 듣는 말이 교육을 지키는 길은 교사들이 교단에서 빨리 내려가는 것이다라는 말입니다. 학생들이 교단 위에 올라설 때 우리 교육이 삽니다."

지리를 잘하는 학생들을 보면 공통적으로 지리적인 안목이 있다. 지리적인 안목이란 지리적인 시각에서 사물을 바라보는 눈을 말한다. 지리는 입지, 환경, 사회와 문화, 지형, 경관, 기후와 식생, 경제활동 등과 연관되어 있다. 따라서 자연환경과 그 속에서 일어나는 인간의 활동에 관심을 가지고 공부하는 것이 지리공부의 출발점이다.

1. 지리공부의 기본은 지도 읽기

지도 읽는 법을 기초로 학습하라. 이는 영어공부에서 알파벳을 알아야 하는 것과 같은 이치다. 지리에서 지도의 역할은 절대적이다. 지도를 볼 때 머릿속에 그 지형을 그려 넣으면서 각 조각을 서로 연관시켜 하나의 장면을 만들어보자. 또한 여행을 떠나듯이 각 지역의 지도를 펴놓고 위치와 지명을 확인한다. 우선 지도가 의미하는 바를 확인하고 그 지역의 위치와 다른 지역과의 관계를 지도상에서 확인한다.

2. 시각적인 자료들과 친해져라

그래프와 지도, 사진을 빼놓고는 지리를 이야기할 수 없다. 시험문제도 대부분 그래프와 지도로 이루어져 있다. 지도 보는 것을 어려워하는 학생들이 많지만 눈에 익으면 가장 쉬운 것이 지도와 그래프 해석이다. 평소 학습에서 지도, 그래프, 통계표 등을 정확히 읽고 이것들과 친숙해지도록 하는 것이 중요하다. 지리 개념과 관련된 내용을 정확히 이해하고 동시에 그 개념이 지도, 그래프, 통계표 등을 통해서 어떻게 표현되는지 이해하는 것이 중요하다.

눈으로 봐도 이해가 안 된다면 직접 그려봐라. 특히 지도와 그래프를 처음 접할 때는 눈으로 보는 것에 그치지 말고 직접 그려보는 것이 중요하다. 그러면 훨씬 이해가 빨라진다. 일반적인 자료도 직접 그려보면 상당히 효과적이다. 손으로 그린 것이 기억에도 오래 남는다.

3. 외우지 말고 이해해라

지리는 현실과 연관시켜 공부하는 것이 효과적이다. 일부 학생들은 지리를 지명, 용어 등을 단순 암기하면 되는 것으로 알고 있지만 그렇게 하면 능률도 오르지 않고 지루해서 지리에 대한 흥미를 잃기 쉽다. 지리적 현상이나 사실이 있을 때 이에 영향을 주는 요소들의 상호작용을 확인해보는 식으로 학습해야 능률도 오르고 재미도 느낄 수 있다.

4. 상상의 날개를 펴라

산이나 강, 바다에 놀러가는 것, 일기예보를 듣는 것, 신문이나 뉴스에서 환경문제나 자연재해에 대한 기사를 보는 것, 내비게이션의 길 안내를 받는 것 등 모든 것이 지리와 연관된다. 가령 바닷가로 여행을 가려면 일기예보를 보고, 날씨가 좋은 날로 정할 것이다. 또한 지도를 보고 어느 지역으로 갈지, 무엇을 타고 어떻게 갈지 정한 다음 여행을 떠날 것이다. 여행지에 도착해서는 그 지역에서 제일 많이 나는 해산물을 먹고 주변을 둘러볼 것이다.

이때 바닷가에 사는 사람들은 주로 어떤 일을 할까? 왜 바닷가 집들의 담은 구멍이 숭숭 뚫려 있을까? 이 바다에는 왜 멸치가 많을까? 왜 바다가 갈라지는 걸까? 꼬리에 꼬리를 무는 의문이 지리공부의 첫걸음이다. 즉 우리 주변의 환경과 그곳에서 일어나는 일들을 관찰하면서 호기심을 품는 것이 지리 공부의 출발점이다.

닫혔던 마음을 열어준 선생님
장용태 (명지전문대학교 사회체육학과 2학년)

나도 할 수 있다는 자신감을 샘솟게 해준 시간

나는 공부에 통 관심이 없고, 항상 맨 뒷자리에서 자는 학생이었다. 그러니 성적도 좋지 못했다. 지리과목도 처음에는 어려운 단어들과 그림들로 가득해서 정말 최악이라고 생각했다. 그런데 첫 수업부터 윤성관 선생님은 교과서가 아니라 직접 만든 교재를 나눠주시고 파워포인트 등을 이용해 재미있게 수업을 진행하셨다. 세 번 정도 수업을 받으니까 거부감이 없어지고, '별 거 아닌데? 재미있네, 나도 할 수 있겠는데?'라는 생각이 들었다.

다른 선생님들은 딱딱하게 교과서 어디를 공부하겠다는 식이었지만, 윤성관 선생님은 달랐다. 게임도 하고 발표도 하고, 공부가 아니라 재미있는 게임처럼 수업하셨다. 재미있게 참여하다보니 어려운 지리용어들이 저절로 외워졌고, 책을 보면 이때 어떤 게임을 했고 어떤 표정으로 어떻게 설명해주셨는지 기억이 나면서 나도 모르게 지리용어들도 떠올랐다.

겉돌던 나를 붙잡아준 선생님

당시 나는 유학에 실패하고 돌아온 복학생에다 사춘기였다. 한 학년 어린 아이들과 다니니까 적응도 못하겠고 학교 가기 싫으면 안 가거나 점심만 먹고 학교 밖에서 노는 날이 많았다. 지금 생각해보면 너무 철없고 창피하고 후회스런 시절이었다. 그런데 윤성관 선생님은 지금까지 봐왔던 선생님과는 달랐다. 항상 잘못해도 웃으면서 "아들아~"
이렇게 부르며 말씀해주셨다.

학교에서 도망가거나 결석한 다음 날 아침에는 옥상으로 올라가야 했다. 처음엔 '마음
대로 해라, 때리면 맞겠다'고 생각했는데 무슨 영문인지 선생님은 여러 가지 좋은 얘기
를 해주셨다. 그날 나는 또다시 학교에서 도망쳤고 다시 옥상으로 불려 올라갔다. 속으
로 '이젠 진짜 때리겠지' 했는데 또 어제처럼 웃으며 이야기하셨다. 그런데도 몇 번 더
학교에서 도망쳤더니, 선생님은 굳은 표정으로 옥상으로 부르셨다. 그러고는 정말 힘
들면 선생님과 이야기하자며 웃으셨다. 계속 그런 일이 반복되니 선생님께 미안한 마
음이 들기 시작했다. 학교에 정말 있기 싫어 선생님께 조퇴하겠다고 말씀드리면 "많이
아프니? 오늘은 쉬고 내일부터 열심히 하자, 노는 것도 좋지만 네가 좋아하고 남들보
다 1퍼센트라도 더 잘하는 재능을 같이 찾아보자"고 하셨다. 그때부터였던 것 같다. 닫
혀 있던 마음이 조금씩 열리고 부모님, 친구한테도 할 수 없던 말을 선생님께 하게 된
것은.

선생님은 부모님께도 전화하셔서 지금은 다른 아이들보다 공부에 대한 관심이 낮지만
앞으로는 잘할 거라고 거듭 이야기해주셨다. 지금껏 어떤 선생님도 나를 이렇게 믿고
생각해주신 분이 없었다. 그렇게 고등학교 내내 선생님과 이야기하면서 내가 잘할 수
있는 헬스를 시작하게 됐고 열심히 해서 경기도 대회에서 1등을 하는 등 좋은 성적을
거둘 수 있게 되었다. 학교에 복학할 때는 졸업만 무사히 하자는 심정이었는데, 선생님
의 도움으로 꿈을 찾고 꿈을 위해 달릴 수 있게 되었다. 그런 점에서 선생님은 나에게
두 번째 아버지와도 같은 분이다.

학생이 주도하는 잠 못 드는 시간

박지연 (단국대학교 국어국문학과 3학년)

재미있는 놀이 같은 공부

수업 자체가 공부라기보다는 재밌게 놀이하는 형식이라 딱딱하지 않았다. 예를 들면 한라산이라든지 고산지대를 설명할 때도 책으로만 공부했을 때는 답답했는데, 윤성관 선생님은 두부와 고무 찰흙으로 우리나라의 지형 변화를 한눈에 알 수 있게 알려주셨다. 선생님이 직접 만드신 교재 또한 교과서처럼 글이 많은 것이 아니라서 거부감도 덜 했다.

수업이 재미있어지면서 지리과목에 대한 생각도 긍정적으로 바뀌었다. 재미없는 암기과목이라고 여겼던 지리과목이 우리 환경과 매우 밀접한 관련이 있음을 인식하게 된 것이다. 친구들과 도와가며 서로의 생각을 물어보기도 하고, 시험에 나올 법한 문제들을 혼자 미리 유추해보고 친구들과 상의해보기도 했다. 또 친구들이 학교 사이트에 수업 내용을 퀴즈로 낸 것들을 보며, 많이 풀어보려고 노력했다.

윤성관 선생님은 학생을 가르치는 일과 소통하는 일에 모두 적극적이셨다. 학생들의 생각에 늘 귀 기울여주셨다. 토끼와 거북이가 함께 결승전에 들어가는 것이 얼마나 기쁜 일인지도 깨닫게 해주셨다. 힘든 일이 있어도 항상 웃자고 위로하며 힘을 주신 따뜻한 선생님이 그립다.

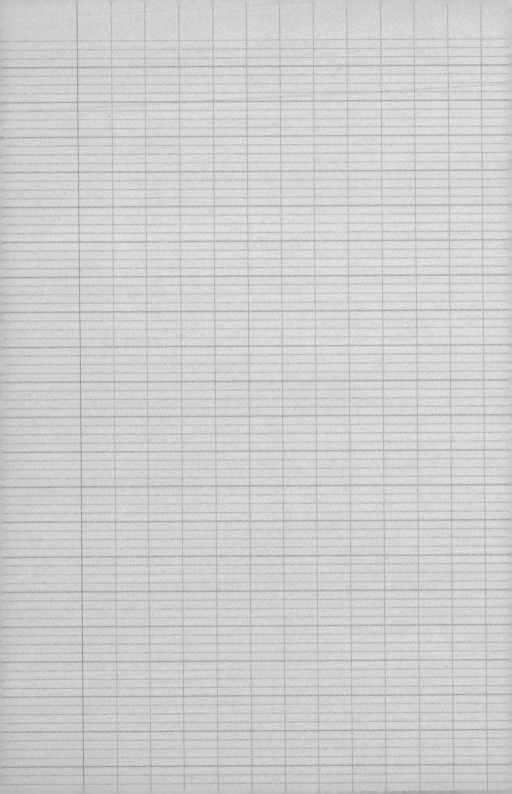

생각을
만드는 미술

김현정 선생님
인천 신현고등학교 미술교사

01 이미지로 말을 건네는 시대, 해석하고 선택하는 힘

　전북 진안군 백운면의 원촌마을은 예쁜 간판으로 유명하다. 흰 바탕에 이삭을 물고 가는 새의 그림이 그려진 풍년방앗간, 게, 조개, 새우, 홍어 등 찌개거리들이 앙증맞게 들어앉은 백반집, 지붕 위에 흑염소 조형물을 얹고 실제 호박넝쿨을 두른 희망건강원. 모두 시골 간판을 예쁘게 만들어보겠다고 나선 공공디자인 프로젝트 팀이 만든 작품들이다.

　팀원들은 작업에 들어가기 전, 마을 주민들이 살아온 이야기와 마을의 역사를 듣고, 가게 주인들에게 간판에 대한 아이디어도 조곤조곤 질문해가며 방향을 세웠다. 건강원 할머니에게 "어떤 간판을 원하세요?" 하고 물었더니 할머니가 "나는 흑염소 한 마리 얹어주고 호박넝쿨도 얹어줘"라고 해서 디자인한 간판이 희망건강원이다. 그렇게 30여 개의 '마을 이야기가 살아 있는 간판'이 만들어

주민들 대다수가 이 마을에서 함께 거의 반평생을 살아온 터라 본인 이야기가 마을 이야기고, 가게 이야기라고 할 수 있었다. 그런 이야기를 제대로 드러내는 것이 공공디자인팀의 디자인 화두였다. 간판이 완성된 후 원촌마을은 '간판마을'이라는 이름으로 관광 명소가 됐다. 치장 하나 없이 소박한 간판들이 여행자들의 마음을 끄는 이유는 이야기가 담긴 시각화 작품이기 때문이다. 단순한 간판이 아니라 미술작품으로 승화한 것이다.

언어가 의사소통 수단인 것처럼, 미술언어 혹은 조형언어도 영상이미지로 조직된 언어다. 미술작품이 소중하게 전해 내려오는 이유는 그것이 아름답기 때문만은 아니다. 메시지를 담고 있기 때문이다. 우리는 잘된 미술작품 한 점으로도, 그 시대 사람들의 생각과 삶, 역사를 읽어낼 수 있다. 인류가 언어로 생각과 삶, 역사를 기록했듯이, 예술품으로도 동일한 것을 기록해온 것은 조형언어는 더 즉각적이고, 알기 쉽고, 강력하기 때문이다.

이미지의 시대인 현대사회에서 미술은 우리의 일상이 되고 있고, 디자인 또한 산업분야의 중요한 부가가치 요소로 떠오른 지 오래다. 자신의 생각을 말 혹은 글만이 아니라 도식이나 이미지로 표현하는 시대. 화장을 하고 헤어스타일을 매만지고 옷을 차려입는 행위도 자신의 이미지를 표현하는 미술이다. 이제는 우리를 둘러싼 환경이 우리에게 이미지로 말을 건네고 있다. 미술은 이러한 시각 이미지를 해석하고 판단하며 선택할 수 있는 안목을 키워준다.

최근 미술수업은 앞서서 듣는 교육에서 시각적인 이미지를 제대로 읽고 해석하는 능력을 기르는 '시각문화예술 교육'으로 변모하고 있다. 친숙한 시각적 소재와 내용으로 함께 생각하고 소통하는 김현정 선생님의 미술수업도 그중 하나다.

인천 최초 자율형 공립학교로 주목받고 있는 신현고등학교는 갤러리 '뮤즈'를 운영하는 학교다. 학생들의 예술적 감수성과 미적 안목을 키우고자 하는 노력의 일환이다. 김현정 선생님이 지도하는 수업 또한 일반 미술수업과는 사뭇 다르다. 대개 공교육에서 이루어지는 미술수업은 사물을 똑같이 그린다거나 주변을 장식하는 것, 즉 표현하는 것에 집중한다. 그러나 김현정 선생님의 미술수업에서 학생들이 무언가를 똑같이 그리고 재현하는 모습은 찾기 힘들다. 탁자 위의 꽃병을 똑같이 잘 그리는 것보다 자신이 보고 느끼고 이해하고 경험한 것에서 얻은 결과물을 자신 있게 표현하는 것이 더 중요하기 때문이다.

02 미술적 표현은 그리기가 아닌 '생각'과 '통찰'이 우선이다

'나로부터 시작되는 미술'이 주제인 수업시간. "나 자신을 어떤 단어로 표현하면 좋을까?" 선생님의 질문에 학생들은 선뜻 대답하지 않는다. 생각하기 귀찮아 하는 아이들도 있다. 선생님이 선택한 방식은 학생들 스스로가 자신의 생각을 가장 효과적으로 보여줄 수 있는 방법과 재료를 선택해 시각적으로 이미지화하는 것이다. 똑같이 그려내는 것이 아니라 자신을 표현하는 미술을 하는 것이다.

"저는 어떻게 하면 학생들이 자신의 경험과 생각을 이야기하도록 해줄 수 있을지 고민합니다. 제 수업에선 질문 전략이 중요하지요. 수업에서 전달하고자 하는 핵심은 제가 먼저 말하지 않아요. 학생들이 먼저 생각하고 찾아보게 합니다."

보통의 미술수업이 무언가를 그리고 만드는 데만 중점을 둔다면 선생님의 수업은 '생각'과 '통찰'이 우선이다. 창의는 통찰에서 나오고 통찰은 관찰에서 나오는데, 관찰은 비틀어봐야 한다는 것. 남들과 똑같은 프레임 안에서 보면 남들과 다른 새로운 사고가 나올 수 없다는 이야기다. 스크린에 설치미술가 박불똥의 작품 〈파고다-작품에 손대지 마시오〉가 나왔다.

연탄을 미술관으로 끌어들인 작가 박불똥. 그는 미술계에서 주목을 받고 화제가 되는 작품을 만들고 싶다는 의미로 박불똥이란 예명을 사용한다. 이 작품은 아흔 살이 넘은 노모가 돌아가시기 전에 작가에게 준 용돈 100만 원에서 시작되었다. 그 돈으로 연탄 3,333장을 사서 작가는 연탄을 탑처럼 쌓았다. 작가는 이 작품에 어떤 의미를 담았을까. 연탄이라는 소재를 활용해서 탑처럼 쌓고 심지어 무너지는 과정에서 작가가 보는 이에게 이야기해주고픈 메시지는 무엇일까.

아이들은 '하찮은 것으로 쌓았지만 내 열정은 그만큼 소중하다' 혹은 '연탄을 매개로 해서 엄마의 따뜻한 마음을 표현한 것' 등으로 작품을 해석한다. 또한 탑의 형태로 쌓은 것에 대해서도 아이들은 '기도'를 이야기하고 여기서 우리의 토속적인 '탑돌이'를 상징화한 것으로 논의를 이어간다.

화가는 작품을 만들 때 소재를 선택하고 자신만의 의도를 표현

한다. 그리고 사람들은 작품을 보면서 다양한 해석을 내놓는다. 어떤 사람은 연탄이 1970~80년대의 최고 난방용품이었지만 현재는 쓸모없기 때문에 '권력의 덧없음'이라고 하기도 하고 연탄이라는 따뜻한 매개를 통해 항상 무언가를 기도하는 마음을 탑의 형태로 만들었을 것이라고 이야기하기도 한다. 미술은 결국 작품이 나에게 건네는 이야기가 무엇인지 생각하고, 내 경험을 통해 다시 말을 거는 활동이라고 할 수 있다.

"저는 미술이 자기 생각을 논리적으로 설득력 있게 다른 사람에게 보여주는 것이라고 생각해요. 그래서 가장 먼저 해야 하는 작업이 생각하는 것이고, 그 다음이 자기 경험과 접목하는 것, 마지막 단계가 보고 느낀 것을 시각화하는 과정입니다. 이를 통해 자기 자신만의 표현법을 갖게 되는 거죠."

김현정 선생님 수업에서 미술은 단지 사실적으로 묘사하는 기술이 아니다. 학생들은 미술작품을 보고 이를 언어화하고 생각을 서술하는 활동을 통해 다양한 시각문화를 이해하고 비판적인 사고력을 키운다. 이미지를 보고 해석하고 생각을 서술할 수 있는 단계를 거치면 다음 단계에서 학생들 각자가 평론가가 돼 미술작품을 해석하고 그 속에 숨은 표현기법을 찾아내는 작업을 한다.

1학년 미술비평 시간. 밤과 낮이 공존하는 '패러독스'로 유명한 르네 마그리트의 그림엽서들이 등장했다. 학생들은 모둠별로 마그리트의 그림이 왜 비상식적으로 느껴지는지, 어떻게 고정관념을 깨고 있는지, 어떻게 초현실적인지 그 표현기법을 찾고 생각을 언어로 바꾼다. 눈에 보이는 대로 서술적으로 쓰는 것이 아니라 추상적이고 함축적인 표현을 써서 패스워드를 찾아내는 것이다.

"학생들이 이미지를 보고 언어화하는 작업이 좀 서툴러요. 그래서 길게 서술적으로 표현된 언어들을 좀더 추상적으로 축약하는 훈련을 하는 거지요. 그래야 자신의 표현을 이미지화하는 데 도움이 될 거라고 생각합니다."

처음엔 난감해 하던 학생들은 마그리트의 대표작 〈붉은 모델〉을 두고 신발과 발의 연결을, 〈보물섬〉을 보면서 새와 나무의 연결을 '중첩'이라는 표현기법을 통해 이끌어낸다. 낯선 그림을 보고 특징을 찾는 일이지만 언어화 작업에 서툰 학생들에게 선생님은 절대 단서를 주지 않고 꼬리에 꼬리를 물고 질문을 하면서 생각을 유도한다. 르네 마그리트의 작품 〈개인적인 가치〉가 스크린 위에 뜬다.

학생1   큰 물건과 작은 물건 들의 크기가 바뀌었어요. 진짜 비현실적이에요.

교사   왜 비현실적이야, 사물의 크기가? 어째서?

학생2   침대보다 빗이 더 커요.

교사   크기가 어떻게 됐어? 바뀌었죠? 이 말을 더 축약해봐. 크기의?

학생3   변화.

교사   그래. 이렇게 축약해가는 과정이 필요한 거야. 또 어떤 특징이 있어?

학생4   연관성 없는 물건들이 함께 있다.

교사   연관성 없는 물건들이 함께 있다는 말을 더 줄여봐. 연관성 없는 것들의?

학생4   부조화.

르네 마그리트, 〈개인적인 가치〉

이렇게 빗이 침대보다 큰 것은 '크기의 변화'로, 연관성 없는 물건들이 함께 있는 것을 '연관성 없는 것들의 부조화'로 축약해간다. 학생 스스로 고민하고 구성한 지식은 교사가 일방적으로 전달한 것보다 기억에 더 오래 남는다. 스스로의 생각에서 부족했거나 일치하는 부분을 알아가면서 생각하는 힘을 키우기 때문이다.

"이 수업의 목표가 마그리트 그림의 표현기법의 특징을 찾아내는 거잖아요. 제가 정리한 마그리트의 표현기법을 학생들한테 전달하면 그건 내 공부로 그쳐요. 그렇지만 학생들이 마그리트의 그림을 펼쳐놓고 그림에서 보이는 원리를 찾는다면 교사만의 수업이 아니라 학생들하고 교사가 함께할 수 있는 수업이 됩니다. 생각했던 것보다 훨씬 학생들의 생각 주머니가 크다는 것도 알게 되지요."

브레인스토밍을 통해 학생들이 마그리트 그림에서 찾아낸 표현방법의 패스워드는 '비현실적' '모순' '낮과 밤의 공존' '풍부한 상상력과 창의력' '내면의 분출' '고정관념 탈피' '극과 극의 조화' '역설' '사물의 부조화' '다른 두 가지 이상의 사물이 섞여 있음' '사물의 크기가 제멋대로임' 등이다. 평론가 수지 개블릭^{Suzi Gablik}은 마그리트의 표현 특징에 대해 고립, 변경, 잡종화, 크기 변화, 이상한 만남, 중첩, 패러독스를 이야기했다.

"학생들은 마음속에 그림을 보고 이야기하는 능력을 갖추고 있어요. 마음속에 평론가가 있다는 거죠. 그런데 그 사실을 잘 몰라요. 그냥 똑같이 말하고 똑같이 그리는 훈련만 되어 있기 때문입니다. 평론을 해본 경험이 없었던 거지요. 이런 과정에서 학생들은 그림에 대해서 좀더 적극적으로 감상하는 기회를 갖게 됩니다."

마그리트의 미술은 현재까지도 많은 영향을 미치고 있다. 이번엔 마그리트 그림의 핵심인 '데페이즈망^{depaysement} 기법(낯설게 하기)'을 생활 속에서 연결해보는 시간이다. 여기서 데페이즈망은 모순되거나 대립되는 요소들을 동일한 화면에 결합하거나 특정 사물

을 전혀 엉뚱한 환경에 놓아 시각적 충격과 신비감을 불러일으키
는 초현실주의 기법의 하나다.

　우리 생활 속에 데페이즈망 기법은 어떤 것들이 있을까? 선생님
이 동화책 『꿈꾸는 윌리』의 표지를 보여준다. 소파에 앉은 윌리가
공중에 떠 있는 그림이다. 학생들은 곧바로 무중력, 중첩, 잡종화
등의 닮은 점을 찾아낸다. 이어서 동영상 멜론 광고. 디지털 음원
을 제공하는 '멜론' 이라는 업체 광고다.

교사 먼저 이 광고가 우리한테 이야기하는 것이 무엇인지 말해
볼까요?

학생1 mp3를 멜론이라는 다른 상품으로 대체해서 광고를 하고
있어요. 상품을 추상화해서 무엇을 광고하는 것인지, 무
엇을 뜻하는지 몰라서 계속 주목하게 되고 상상력을 불러
일으켜요. 그럼으로써 소비자들에게 강한 인상을 심어주
는 광고 같아요.

학생2 우리 머릿속에 더 오래 남게 하고, 계속해서 생각나도록
데페이즈망 기법을 활용했어요.

교사 소비자에게 더 각인시키고 호기심을 불러일으키기 위해
서 그런 방법을 쓴 것 같다는 이야기죠? 그럼 음원제공
회사 광고를 하는데 왜 과일을 생각했을까?

학생2 늘 신선한 음악을 전달한다는 의미?

이렇게 마그리트 그림을 사례로 작가의 창작물을 만나고 표현기
법을 만난다. 또한 평론가들의 언어와 비교하고, 동화책과 광고 등
사회 속 시각디자인 요소와도 만난다. 미술시간에 국어와 사회 같
은 다른 과목과의 경계를 넘나드는 것이다.

미술이란
눈으로 읽는 이야기

    김현정 선생님의 미술수업에는 한 가지 규칙이 있다. 반드시 빈손으로 들어와야 한다는 것. 영어단어책, 수학문제집, 국어책 등 모든 책은 반입 금지고 미술 준비물도 필요 없다. 바쁜 학생들을 위해 준비물은 모두 선생님이 준비한다. 그래서 선생님의 별명은 문방구다. 빈손으로 와서 자유롭게 사고하는 분위기를 만들기 위함이다. 또한 정형화된 지식으로 대답하고 정답을 고르는 틀에 박힌 생각과 머릿속에 담고온 정답 리스트들 모두 다 털어버리고 자기 생각을 표현할 수 있는 시간이 되었으면 하는 바람에서다.

    김현정 선생님의 미술비평 시간에는 그림 속에 담긴 과장, 역설 등 다양한 요소를 읽고 해석하는 '지적 체험'을 하기 때문에 이 과정에서 언어적 훈련도 하고 사회나 역사 분야의 지식도 가져온다. 단편적인 지식들을 재구성하는 것이다.

"어떤 지식을 안다는 것, 단지 머릿속에 갖고 있다는 것이 무슨 소용이 있을까요. 중요하고 가치 있는 것은 알고 있는 지식을 적재 적소에 연계시켜 응용하고 활용하는 것이라고 생각해요. 예를 들어 경제에 미술을 응용하고 미술을 실생활에 활용해보는 것이죠. 이렇게 연관지어 생각하고 응용하면서 창의력을 키워나가는 것입니다. 이것이 바로 '맥락적 지식교육'이라고 생각합니다."

생활 주변에서 마그리트의 표현기법인 데페이즈망이 쓰인 연결점을 찾은 다음 비로소 표현하기 활동이 시작됐다. 시 한 수를 선택해 떠오르는 심상(이미지)을 르네 마그리트의 시각으로 구체화해서 스케치하는 작업이다. 대상을 똑같이 그리는 미술수업에 익숙해 있던 학생들에게 '시'라는 추상적인 내용을 시각적인 언어로 표현을 하라니, 머리가 복잡해지는 순간이다. 그래서 이 작업에서는 어떤 시를 선택할지가 대단히 중요하다. 눈을 감았을 때 풍경이 그려지는 시가 좋다.

다음은 문병란의 시 「꽃씨」를 선택한 학생과의 대화다.

교사 어떤 시 선택했어요?
학생 「꽃씨」요.
교사 시의 주제가 뭐예요? 왜 쓴 것 같아요?

학생 인생의 무상함을 그린 시인 거 같아요.

교사 왜 제목이 꽃씨일까요?

학생 보통 꽃씨에서 새싹이 트면서 꽃이 피잖아요. 그리고 다시 시들고 씨로 돌아가는 그런 순환과정을 한 번에 표현하기 위해서 꽃씨라고 쓴 것 같아요.

교사 떠오르는 장면이나 소재는 준비해봤어요?

학생 꽃씨의 순환과정이 어떻게 보면 우리 인생과도 관련이 있잖아요. 꽃씨에서 시작해 꽃이 자라는 모습이 우리 인간과 닮았다는 부분에 착안해 꽃을 인간과 결합시켜 보려고요.

교사 아, 마그리트 표현기법 중 '잡종화'인 셈이네요.

다음은 이수명의 시 「그 집에는」을 선택한 학생과의 대화다.

교사 「그 집에는」을 한번 읽어보세요. 시를 읽으면서 이 시에서는 어떤 풍경이 펼쳐지는지, 무엇을 말하려고 하는지 생각해보세요.

학생 그 집에는/ 눈처럼/ 떨어지고 있는/ 계단들이 있다./ 눈처럼/ 수평으로 이동하는/ 눈처럼 백발이 되어버린/ 계단들이 있다./ 검은 사이렌처럼/ 허공을 내 발들로 채우고/ 그 집에는/ 눈처럼/ 녹고 있는/ 계단들이 있다.

교사 어떤 풍경이 떠올라요?

학생 계단이 아이스크림처럼 녹으면서 떨어지는 거요.

교사　재밌는 표현을 했어요. 계단이 아이스크림처럼 녹으면서 떨어진다. 데페이즈망 기법에서 어떤 게 보여요?

학생　성질 변화.

교사　맞았어. 계단은 뭘로 만들어졌어요? 돌이죠. 그런데 그게 눈처럼 성질이 변화되니까 기온에 따라서 아이스크림처럼 녹는다고 표현했어요. 좋은 시를 가져왔기 때문에 이미지화를 빨리 할 수 있었죠. 소재도 찾을 수 있었고.

시를 보고 그 속에 있는 소재들을 그냥 나열식으로 그리는 게 아니라 마그리트의 데페이즈망 기법이라는 도구를 적용해보는 것. 시를 서술적으로 표현하는 것이 아니라 데페이즈망 기법을 이용해서 좀더 초현실적인 이미지로 표현함으로써 다른 이들의 호기심과 흥미를 유발할 수 있도록 하는 것은 아이들이 미술을 배우는 또 하나의 재미다.

김현정 선생님은 아이들이 미술시간에 그림을 모사하거나 단순히 구도와 사물과 기법을 외우는 것에 그치는 방식은 지양한다. 시각작품은 작가가 특정 구도와 공간을 어떻게 사용했는지, 사물의 배치를 통해 어떤 것을 의미화하고 이야기를 만들어냈는지를 표현한 것이기 때문이다.

선생님의 미술비평수업의 목표는 '그림 그리기'가 아니라 '의미 만들어내기'다. '이야기를 눈으로 읽기'다. 그래서 하는 일마다 술술 풀리라는 뜻으로 화장지 겉면에 자신의 소망을 그려 넣는 단체 작업을 하기도 하고, 동화 속 게으른 베짱이를 연예인으로 바라보기도 한다. 전원 스위치에 디자인 요소를 넣어서 경제적으로 부가가치를 올리는 과정을 설명하기도 한다. 공주를 해치는 일반적인 마녀의 이미지에서 벗어나 신문에서 본 역사적이고 시사적인 마녀사냥의 의미를 응용해 그림을 그리고 해석하는 작업도 시도한다.

"디자인이든 회화든 모든 미술작품이 어느 날 하늘에서 뚝 떨어진 것이 아니잖아요. 그 안에는 문학적인 이야기나 사회 현상, 역사, 문화적 사실과 의미가 담겨 있어요. 미술작품을 감상하고 해석할 때 그 안에 담긴 여러 가지 사실과 의미를 짚어보듯, 작품을 만들 때도 이야기와 의미를 담아내도록 이끌어줍니다."

김현정 선생님은 미술을 잘하도록 교육하는 수업을 원하지 않는다. 미술을 좋아하게 하는 미술교육에 초점을 맞춘다. 학생들이 자유롭게 미술을 즐기고 자신의 시선으로 이해할 수 있도록 이끌어주는 수업, 자신의 삶을 한층 풍요롭게 하고 에너지를 주는 수업, 자신을 발견하고 시각화하는 시간이 선생님이 꿈꾸는 미술수업이다.

04 얘들아, 세상은 시험지가 아니야

10년차 미술교사로 감상과 비평, 지적 체험을 아우르는 통합적 미술교육을 시도해온 김현정 선생님은 표현 활동을 넘어 시각화 하는 미술교육을 위해 노력하고 있다. 여기에 한 가지 더해 선생님 수업에는 생동감이 넘친다.

"학교에 오기 전에 디자인 회사에서 의상디자인을 했고 생활 MD^{merchandiser}로 일했어요. 어떤 그릇을 사람들이 좋아할까? 어떤 꽃병이 유행할까? 여러 가지 생활용품들을 선택하는 일이었죠. 학 창시절에는 미술이 미술시간에만 있었는데 회사를 다녀보니 미술 이 일상생활에 깔려 있는 거예요. 옷을 입을 때, 그릇과 꽃병을 살 때, 집을 꾸밀 때, 이런 행위와 작업 들이 경제적으로도 부가가치 가 있는 미술 작업의 하나라는 것이 피부로 와닿더군요. 아이들에게 해줄 수 있는 좋은 이야깃거리를 마련한 셈이죠."

대학 졸업 후 7년간 사회생활을 하다가 뒤늦게 교직에 입문한 선생님은 사회에서 일하며 느낀 현장경험을 수업에 응용하는 데 그치지 않는다. 끊임없이 눈과 귀를 열어놓는다. 새로운 정보와 사회적 변화의 흐름을 받아들이기 위해서다. 예를 들면 고흐가 살던 시대에는 주된 표현의 대상이 나무, 들, 강 등 자연이었지만 현대에서는 쉽게 접할 수 있는 표현의 대상이 자연이 아니라 다양한 생산품이 널려 있는 슈퍼마켓일 수도 있다. 그녀는 사회 변화에 따라 미술의 표현 대상도 달라지는 것처럼 교육의 방법도 달라져야 한다고 생각한다.

"귀를 열어놔야 뉴스에서 나오는 미술 이야기를 놓치지 않고, 눈을 열어놔야 서점에서 책을 보다가도 미술을 발견할 수 있어요. 텍스트보다 이미지로 정보를 전달하는 게 더욱 효과적인 시대이기 때문에 너무나 많은 이미지들이 쏟아져 나옵니다. 학생들이 이런 이미지들과 시각적 정보를 아무 생각 없이 바라보지 않고 적극적으로 해석하고 비판해 자신에게 적합한 정보를 얻을 수 있도록 돕는 미술교육이 필요한 시대죠. 이를 위해서는 교사인 저부터 시대의 흐름을 놓치지 않도록 노력해야 합니다."

선생님이 고등학교를 졸업한 지 올해로 꼭 21년이 지났지만 그때나 지금이나 미술수업은 여전히 표현 위주다. 선생님의 수업은 전통적인 미술교육에 대한 아쉬움에서 출발했다. 이미지가 권력인 시대에 시각화한 상징을 이해하고 해석하고 비평하는 능력만큼 중요한 게 없다는 생각에서다. 자신만의 창조적 이미지를 만들어내는 능력이 바로 지금 이 시대에 필요한 문제해결력 가운데 하나인데, 여전히 그리기에만 치중하는 미술교육은 이러한 사회를 반영하지 못하고 있다.

선생님은 요즘도 이따금 자신의 수업 내용을 녹음해서 모니터링을 한다. 본인도 모르는 언어 습관이나 속도를 체크하고 수업 내용을 객관적으로 점검하기 위해서다. 교직생활을 처음 시작할 때 선생님은 열정적이고 항상 자신감 넘치는 국어 선생님, 학생들에게 질문하고 칭찬을 아끼지 않았던 영어 선생님, 남다른 유머감각으로 수업시간이 기다려졌던 선생님들을 롤모델로 삼았다. 그리고 스승들을 흉내 내어 그렇게 얼마간 수업을 했다.

"한국교육과정평가원에서 진행하는 수업장학연구에 참여하게 되었어요. 제 수업을 본 다른 선생님들의 비평을 들으며 내 안에 갇혀 수업하고 있었다는 사실을 깨달았어요. 제 수업을 객관적으로 생각해볼 필요가 있다는 생각에 10차시 분량의 수업을 모두 녹화했죠. 분석 결과, 행동과 언어 습관 같은 데에서 문제점을 발견하게 됐어요. 나를 세심하게 관찰해볼 수 있는 좋은 기회였어요."

선생님은 정답이라는 틀에 갇혀 있는 학생들에게 미술을 통해 자신만의 생각을 만들어주고 싶어 한다. 미술시간에 글을 쓰게 하는 이유다. 학생들은 처음엔 익숙하지 않은 수업 방식에 놀란다. 왜 글을 써야 하지? 왜 저런 이야길 들어야 하지? 미술시간마저 왜 생각을 하게 하지?' 이런 반응들이었다고 한다. 그러나 이제 학생들은 이런 과정들이 미술작품 감상을 넘어 자신의 생각을 표현하고 시각화하는 데 도움을 준다고 느끼고 있다. 선생님이 원하던 방향으로 자리를 잡아간 것이다.

김현정 선생님을 미술수업을 준비하면서 늘 점검하는 몇 가지 규칙이 있다.

첫째는 아이들의 흥미를 끌 수 있는 대중적인 이슈를 찾는다. 미술은 어렵고 재미없다는 선입견부터 깨뜨려야 하기에 아이들의 흥미를 유발하고 쉽게 이해할 수 있는 방식을 연구한다.

둘째는 평소 연관지어 생각하지 못했던 과학, 수학, 경제 분야를 미술에 접목시킨다. 마지막으로 아이들의 스타일을 있는 그대로 인정해서 있는 그대로 아이들을 받아들인다.

생각할 시간이 없는 아이들에게
질문을 품게 하다

요즘 학생들은 생각할 시간이 없다. 생각할 시간이 없기 때문에 수업 내용에 대한 질문이 없다. '왜?'라는 의문을 갖지 않는다. 심지어 스스로 해야 하는 감상도 선생님이 해주길 원한다. 그리고 그것을 받아 적길 원한다. 질문 받는 것도 귀찮아한다. 김현정 선생님은 학생들에게 스스로 생각하는 능력이 사라지는 것 같아 안타깝다.

"최근 교육계는 글로벌 인재 양성에 주목하고 있지만 이는 문화적 소양 없이는 절대 불가능한 일입니다. 그러기 위해서는 공교육이 먼저 앞장서야 합니다. 수학 영재, 과학 영재뿐 아니라 미술 영재도 인정해야 합니다. 아이들이 자신의 재능을 깨닫고 날개를 펼 수 있도록 도와주는 일, 그것이 진정한 지도자가 할 일이 아닐까요?"

한때 '1등만 기억하는 더러운 세상'이라는 우스갯말이 유행한 적이 있다. 어떤 장소나 조직에서 인정받지 못하면 그곳에서의 생활은 흥미를 잃기 쉽다. 학생들 역시 인정받지 못하면 학교생활이 재미없고, 학교에 흥미를 잃게 마련이다. 칭찬은 고래도 춤추게 한다고 했던가? 미술시간에 칭찬해주기는 김현정 선생님의 중요한 교육 활동이다.

"국영수만 인정해주면 학생들이 학교생활에 흥미를 잃어요. 미술로도 인정 받고, 음악으로도 인정 받고, 체육으로도 인정 받으면 더 잘하려고 하는 욕구가 생기고 학교생활에 흥미를 느끼게 됩니다. 그 재능으로 사회에서 긍정적으로 살 수 있도록 도와주는 게 공교육 교사의 책임이자 의무입니다."

김현정 선생님은 1학년 첫 수업을 '나의 꿈'이라는 제목의 동양화 채색수업으로 진행한다. 신현고등학교에 옮겨온 후 첫 시간이 마침 1학년 수업이었다. 바닥에 엎드려 그림을 그리는 학생들을 둘러보던 중 주사바늘을 그린 A의 그림이 눈에 들어왔다. 미술적 재능이 돋보였던 A는 간호사가 되겠다고 했다. 왜 미술대학에 안 가느냐고 물었을 때 A는 미술대학에 가야겠다는 생각을 해본 적이 없다고 했다. 자신의 재능을 한 번도 인정받아보지 못했던 것이다. 그후 A의 그림은 학교 복도에 전시됐고, 그 순간부터 A의 마음은 화가를 꿈꾸게 됐다. 지금 A는 미술대학 진학을 목표로 공부하고 있다.

B는 일명 깻잎머리를 하고 머리 한가운데 핀을 꽂고 다니던 아이였다. 시쳇말로 '노는 아이'였다. 그런데 어느 날 자세히 들여다보니 B의 미술적 재능이 뛰어나다는 것을 알게 됐다. 꾸준히 그 아이를 칭찬해주었다. 처음엔 불성실하던 아이가 재능을 인정 받고 미술을 시작하면서 변화가 생겼다.

"처음에 반감을 갖고 저를 대하던 아이가 인정을 받으면서 달라졌어요. 재미있는 건 핀이 제자리로 가더라는 거였죠. 엄청나게 뿌듯했고 이게 교육이구나 하는 생각을 했어요. 어떤 식으로든 인정을 받은 아이는 목표의식이 생겨요. 그림이 걸리거나 칭찬을 받은 아이의 태도가 얼마나 달라지는지는 보면 알 수 있어요."

선생님은 유명한 화가의 스승보다는, 그림을 보거나 일상의 하찮은 사물을 봤을 때 자꾸 이야기가 떠오르게 만들어준 교사로 아이들 기억에 남고 싶다. 그렇다면 성공한 미술교육을 했다고 자신할 수 있을 것 같다.

"미술은 똑같이 그려내는 기술을 가르치는 시간이 아니에요. 더구나 화가를 만들려고 수업을 하는 것도 아니고요. 아이들이 커서 좀더 풍요롭게 세상을 볼 수 있는 도구를 갖게 하는 것, 자기를 표현해낼 수 있는 또 하나의 도구를 갖게 하는 것이 미술교육의 목표가 되어야 한다고 생각합니다."

선생님의 미술수업은 미술에 대한 고정관념을 깨는 것부터 시작한다. 이는 다르게 생각하기, 자신만의 생각 갖기를 요구하는 '창의력'의 기본이다. 그러니 미술공부는 더이상 미술에 갇힌 공부가 아니다. 선생님은 학생들에게 처음부터 작품에 대한 설명과 주제를 알려주지 않는다. 스스로 느끼고 알아가도록 하기 위해서다. 어느 날, 반짝이 줄을 이용해 움직임을 표현해보는 작품을 만드는 과정에 한 학생이 계속 질문을 했다. "이걸 왜 해요?" "이게 뭐예요?" "이게 미술이에요?"

왜 미술시간에 반짝이 줄을 체육관에서 돌려대는지 모르겠다며 투덜대던 학생은 작품이 완성되자 이렇게 말했다. "와~ 선생님 이렇게도 미술이 되는군요. 미술이 꼭 붓으로 그려서만 되는 게 아니네요." 미술공부의 첫걸음은 고정관념, 선입견으로부터 자유로워지는 것이다.

1. 일상의 사소한 것도 관찰하라

미술의 시작은 관찰이다. 일상생활에서 쉽게 지나쳐버리기 쉬운 사물부터 주변의 시각적 이미지들까지 눈여겨 관찰해보자. 모든 사물에는 의미가 있다고 생각하고 의미를 찾아보자. 모든 것이 미술의 재료가 될 수 있다고 생각하고 활용해보자.

2. 사고하고 또 사고하라

미술은 의사소통을 할 수 있는 하나의 방법이다. 사물을 똑같이 표현하는 것보다 자기의 생각을 어떻게 논리적으로 설득력 있게 다른 사람에게 표현할 것인지 끊임없이 사고하자.

3. 시각화하기 전에 스토리텔러가 되라

미술은 자신의 생각을 시각적으로 표현하는 활동이다. 보이는 것을 그대로 그리는 것이 아니라 자신의 생각을 시각적으로 구조화하는 것이다. 시각적인 이미지를 찾기에 앞서 이야기를 만들어내는 능력이 필요하다. 또 이야기를 만들기 위해서는 다양한 지식이 필요하다. 미술은 아는 만큼 보인다.

능동적인 미술 세계로의 초대

이다경 (홍익대학교 디자인영상학부 2학년)

우리 미술부 친구들은 김현정 선생님을 '전사'라고 부른다. 선생님은 열정은 기본이고, 학교에 미술부를 만든 추진력, 현 미대 입시의 문제점을 날카롭게 비판하는 냉철함 그리고 조언과 지원을 아끼지 않는 따뜻함까지 갖춘 분이다. 미술을 전공하고 싶은데 가정 형편이 어려워 고민하는 아이들을 적극 밀어주시기도 했다. 내가 바로 '전사'의 도움을 톡톡히 받은 증인이다.

내 꿈을 지원해준 선생님

난 미술은 좋아했지만 미술수업은 재미가 없었다. 그저 선생님이 시키는 대로 잘 그리기만 하는 수업으로 여겼기 때문이다. 그런데 김현정 선생님의 미술수업은 처음부터 달랐다. 선생님이 나눠준 조그만 나무판자에 내 꿈을 그리고, 생각을 발표하고, 서로 의견을 나누는 수업이었다. 난 나무판자에 미술을 전공하고 싶은데 집에서 반대하는 상황을 표현했다. 그때 선생님께서 지원을 약속하셨고 많은 조언을 해주셨다. 나무판자 그림들을 모두 모아 학교 벽에 전시했는데 놀랍게도 멋진 또 하나의 작품이 탄생했다. 인상 깊은 수업이었다. 이 수업은 내가 미술을 전공하겠다고 확실히 마음먹은 계기가 되었다. 선생님과 함께하면서 미술에 대한 생각이 달라지기 시작했다.

생각 많이 하기, 좋은 작품 보기, 이야기하기

좋은 아이디어를 찾느라고 고민을 많이 했다. 그 과정에서 내가 신경을 많이 쓴 부분은 '재료'였다. 일반적인 재료에서 벗어나 재료 선택의 폭을 넓혀가며 나만의 표현방법을 찾게 되었다. 내 이야기를 담은 작품의 경우에는 우선 나 자신을 다시 찬찬히 살펴보는 시간부터 가졌다. 나에 대해 죽 써보기도 하고, 옛날 사진이나 예전에 그렸던 그림 들을 다시 살펴보기도 했다. 그리고 이런 것들을 어떻게 작품에 적용시킬지 아이디어 스케치도 많이 해보았다. 선생님은 수업시간에 항상 작업과 관련된 좋은 작품, 디자인 등을 먼저 보여주셨다. 미술공부에 꼭 필요한 과정이었다.

잘 그리는 것만이 아니라 의미를 부여하고 이야기를 담는 과정을 거치면서, 우리는 자연스럽게 발표능력과 언어표현력이 좋아지는 것을 느낄 수 있었다.

단비 같은 깨달음을 준 미술시간

김현정 (고려대학교 환경시스템공학과 2학년)

최고의 교사란 학생들에게 지식뿐만 아니라 배움 그 이상의 깨달음을 줄 수 있는 선생님이라 생각한다. 김현정 선생님은 미술을 통해 학생들에게 생각하는 방법을 가르쳐주셨고, 교과목을 넘어 예술이 무엇인지 깨닫게 해주셨다. 나에게 미술과목은 좋은 손재주로 정교하고 꼼꼼하게 잘 꾸미면 좋은 점수를 받는 과목이었다. 그런데 2년 동안 선생님께 수업을 받으면서 중요한 것은 기교와 손재주가 아니라 생각의 전환이라는 것을 알게 되었다.

자기 생각을 더해 작품 보기

김현정 선생님의 미술시간은 좀 특별했다. 항상 수업 주제에 대해 학생들이 생각을 하게끔 여러 질문을 던지셨다. 처음에는 어색했는데 시간이 지날수록 질문의 답을 찾아가면서 내 생각을 더하게 되었다. 작품의 의도, 기법을 나름대로 생각해보고 유추해보고 작가의 입장이 되어보는 등 생각의 장을 펼치게 된 것이다. 이렇게 작품과 친숙해지려고 노력하다보니 미술작품 이론도 훨씬 이해하기 쉬워지고, 미술에 대해 애착도 생겼다.

생활 속의 미술 찾기

학교 미술시간뿐만 아니라, 실생활에서 관심을 갖고 살펴보니 미술이 결코 우리와 멀지 않다는 것을 알 수 있었다. 거리의 조형물, 벽화, 공공장소의 벤치 등 흔히 볼 수 있는 것들 속에서 미술을 발견하면서 미술과 실생활을 이분화헤서 보던 관점이 달라졌다.

김현정 선생님의 '생각을 표현하는 미술수업'은 입시로 지친 나에게 단비 같은 시간이었다. 그래서 즐겁게, 적극적으로 수업에 참여했다. 덕분에 이젠 미술이 전혀 낯설지 않고 오히려 미술을 통해 세상을 볼 수 있다는 것, 미술을 좀더 공부해보고 싶다는 바람까지 생겼다.

최고의 교사
©EBS 2012

1판 1쇄 2012년 5월 29일
1판 11쇄 2021년 6월 7일

지은이 EBS 〈최고의 교사〉 제작팀
기획·책임편집 김소영 | 편집 형소진 박영신 주상아 | 모니터링 이희연
디자인 김이정 이주영 서설미 | 마케팅 정민호 양서연 박지영 안남영
홍보 김희숙 김상만 함유지 김현지 이소정 이미희 박지원
제작 강신은 김동욱 임현식 | 제작처 영신사

펴낸곳 (주)문학동네 | 펴낸이 염현숙
출판등록 1993년 10월 22일 제406-2003-000045호
주소 10881 경기도 파주시 회동길 210
전자우편 editor@munhak.com | 대표전화 031) 955-8888 | 팩스 031) 955-8855
문의전화 031)955-2655(마케팅) 031)955-8870(편집)
문학동네카페 http://cafe.naver.com/mhdn | 트위터 @munhakdongne
북클럽문학동네 http://bookclubmunhak.com

ISBN 978-89-546-1831-1 (03370)

www.munhak.com